SUSAN GREGG

ENGEL, HEILIGE UND GOTTHEITEN

Wie sie im täglichen Leben zu
deinem Glück beitragen können

Illustriert von
Audra Auclair

Librero

Originaltitel: *Angels, Spirit Guides & Goddesses:*
A Guide to Working with 100 Divine Beings in Your Daily Life

© 2020 Librero IBP (deutsche Ausgabe),
Postbus 72, 5330 AB Kerkdriel
www.librero-ibp.com

© 2009, 2018 Quarto Publishing plc.
Abbildungen © 2018 Quarto Publishing plc.

Die Originalausgabe erschien 2018 bei Fair Winds Press,
einem Imprint von The Quarto Group.

Text: Susan Gregg
Abbildungen: Audra Auclair
Umschlaggestaltung: Tanya Jacobson, tanyasoffice.com

Redaktion der deutschen Ausgabe: stilistico, Köln
Übersetzung: Marion Ahl, Bickenbach

Printed in China
ISBN: 978-94-6359-339-7

Bei der Zusammenstellung der Texte und Abbildungen wurde mit größter Sorgfalt
vorgegangen. Trotzdem können Fehler nicht vollständig ausgeschlossen werden. Verlag
und Autorin können für fehlerhafte Angaben und deren Folgen weder juristische noch
irgendeine Haftung übernehmen.
Für Verbesserungsvorschläge und Hinweise auf Fehler sind Verlag und Autorin dankbar.

*Dieses Buch widme ich dem Ort im Innern
eines jeden Menschen, der sich mit seinem
Göttlichem zu verbinden sucht und bereit ist,
die oftmals beschwerliche Reise zu wagen,
die diese Verbindung möglich macht.*

INHALT

EINLEITUNG

Dieses Buch bietet lediglich einen Einblick in die Welt der Engel, Heiligen, aufgestiegenen Meister, Göttinnen und Gottheiten – es gibt Tausende von spirituellen Leitfiguren. Sich ihre Weisheit zunutze zu machen, kann vergnüglich und aufregend sein; sie kennenzulernen, ist nicht nur aufschlussreich, sondern oftmals auch unterhaltsam. Wenn du regelmäßig mit ihnen arbeitest, kann das deine Lebensqualität erheblich verbessern und deine spirituelle Suche erleichtern.

Mache sie zu deinen Freunden. Sprich mit ihnen, bitte sie um Hilfe, gestatte ihnen, sich auf deiner Reise durchs Leben zu dir zu gesellen und dir zu größerer Freiheit, größerer Freude und Liebe zu verhelfen. Mit Gewissheit sind sie mehr als gewillt, dich zu unterstützen. Sobald du fragst und bereit bist, ihre Hilfe anzunehmen, werden sie da sein. Sie achten stets deinen freien Willen und werden sich dir niemals aufdrängen.

So wie eine Reise um die Welt Menschen verändert, kann dein Leben auch dadurch verwandelt werden, dass du dich mit diesen Wesen aus allen Regionen der Welt beschäftigst. Stell dir vor, sie seien deine neuen Nachbarn. Verbringe Zeit mit ihnen, sprich mit ihnen, stelle ihnen Fragen und sieh dann, was geschieht.

Lies nach, was die einzelnen Wesenheiten ausmacht, und wenn du ein spezifisches Problem hast, bitte diejenige, bei der du dich am wohlsten fühlst, dir zu helfen. Je öfter du dieses Buch zu Rate ziehst, umso mehr Nutzen wird es dir bringen. Diese Wesen warten nur darauf, dass du ihnen erlaubst, dir zu helfen; also bitte sie darum, und öffne dein Herz und deinen Verstand, um ihre wunderbare Führung zu erfahren. Je vertrauter du mit ihnen wirst, umso leichter wirst du entscheiden können, an wen du dich wenden solltest.

Fang damit an, dich jeden Tag ein paar Minuten auf sie einzustimmen. Ein einfaches Verfahren ist die Meditation. Es ist gar nicht so schwer und doch kann man es leicht verkomplizieren. Die einfachste Art des Meditierens ist es, sich auf den Atem zu fokussieren. Dein Verstand wird unweigerlich seinen Teil dazu beitragen. Um erfolgreich zu meditieren, solltest du deine Aufmerksamkeit einfach immer wieder zurück zu deinem Atem lenken.

Die Heiligen meditierten und beteten täglich stundenlang. So viel Zeit wirst du vielleicht nicht haben, aber ich bin sicher, dass du 15 oder 20 Minuten am Tag dafür erübrigen kannst. Spirituelle Praktiken bedürfen der Übung; gesteh dir also zu, zu trainieren, wie du deinen Verstand zur Ruhe kommen lässt, und lass es ein leichtes und vergnügliches Unterfangen sein. Wenn du es vermeidest, den Vorgang zu bewerten, kannst du das Erlernen des Meditierens sogar genießen. Nachdem du dich einige Minuten auf deine Atmung konzentriert hast, bitte einen der Heiligen oder Engel oder eine der Gottheiten, mit dir zu arbeiten, und dann erlaube dir, ihre Präsenz zu spüren – sie werden da sein, sobald du sie anrufst, auch wenn es etwas dauern mag, ihre Gegenwart zu wahrzunehmen. Du wirst erstaunt sein, wie tröstlich und aufbauend es sein kann, mit diesen Wesen zu arbeiten.

Sei behutsam und liebevoll zu dir selbst, wenn du damit beginnst, dich ihrer Präsenz zu öffnen. Dein Verstand filtert ständig hunderte von unwichtigen Informationen heraus. Täte er das nicht, wärst du von dem ganzen Input so überfordert, dass du außerstande wärest zu funktionieren. Richte deine Aufmerksamkeit einen Moment lang auf deine akustische Wahrnehmung. Lausche all den Geräuschen deiner Umwelt, derer du sonst nicht gewahr bist. Höre auf den Wind draußen, die Geräusche deines Hauses oder deiner Nachbarschaft. Höre aufmerksam zu, bis du deinen eigenen Herzschlag hören kannst. Sobald du deine Aufmerksamkeit auf deinen Gehörsinn gelenkt hast, wirst du erstaunt sein, was du sonst alles unbewusst herausfilterst.

Wenn du deine Aufmerksamkeit auf diese Wesenheiten lenkst, wird es dir genauso gehen. Sie sind schon immer da gewesen, just am Rande deiner Wirklichkeit, und sie warten darauf, dass du sie in dein Leben einlädst. Höre auf ihr sachtes Flüstern. Nimm dir Zeit, geduldig zu lauschen.

Du kannst ein Ritual kreieren, um mit ihnen in Kontakt zu treten. Es kann komplexer Natur oder ganz schlicht sein. Du kannst eine Kerze anzünden, ein Gebet sprechen oder einen sakralen Bereich in deinem Zuhause einrichten, der dazu bestimmt ist, die Engel, Heiligen und Gottheiten zu ehren. Tu das, was sich für dich richtig anfühlt. Was du an einem Tag für angebracht hältst, mag dir am nächsten Tag unpassend erscheinen; bleibe also offen und flexibel. Folge deinem Herzen und höre auf deine innere Weisheit.

Lass dich von den Göttern leiten. Schlage willkürlich eine Seite dieses Buches auf und stelle fest, wer heute mit dir arbeiten will. Ich hatte einmal ein T-Shirt, auf dem stand: „Engel fliegen, weil sie sich selbst leicht nehmen." Mögen die Wesen in diesem Buch dir dabei helfen, dich leicht zu nehmen, hoch zu fliegen und dein Leben zu genießen.

Mögest du die Präsenz all der himmlischen Liebe und Führung spüren, von der du stets umgeben bist, und möge dein Leben voller Magie und Wunder sein.

ERZENGEL UND ENGEL

Erzengel und Engel sind Geistwesen, deren vorrangige Aufgabe es ist, als Mittler zwischen den Sterblichen und Gott zu fungieren. Engel faszinieren die Menschen schon seit Jahrtausenden.

Engel sind stets bereit, behilflich zu sein. Sie lieben dich und möchten, dass du glücklich bist. Sie werden sich niemals in dein Leben einmischen, es sei denn, du bittest sie um Unterstützung. Engel können nicht auf unmittelbare Art und Weise etwas für dich tun, doch sie können dich leiten, Vorschläge machen und dir dabei helfen, etwaige Hürden zu umgehen. Im Gegenzug bitten sie lediglich darum, dass du deine Verbindung zu deinem Geist vertiefst und dein Herz den mächtigen Kräften der Liebe und der Dankbarkeit öffnest.

Überraschenderweise sind die Reiche der Engel hierarchisch gegliedert. Je nach Tradition gibt es viele Ebenen und zahlreiche Kategorien. Der Begriff Erzengel stammt von dem griechischen Wort *archángelos*, was leitender oder ursprünglicher Bote bedeutet.

Wenn du mit Engeln arbeiten möchtest, nimm dir Zeit, sie kennenzulernen. Jeder von ihnen hat eine einzigartige Persönlichkeit, und jeder hat einen Bereich, in dem er unübertroffen ist. Sobald du sie einmal kennengelernt hast, wirst du instinktiv wissen, an wen du dich wenden kannst. Erlaube ihnen, deine Freunde zu werden, und werde mit ihnen allen vertraut. Hast du dir einmal angewöhnt, dich an sie zu wenden, wirst du merken, wie es dir allmählich in Fleisch und Blut übergeht, dir ihre Gegenwart einzugestehen und ihre Hilfe zu begrüßen. Sie sind mehr als gewillt, dir zu helfen – warum also solltest du ihre Hilfe nicht annehmen?

ERZENGEL MICHAEL

VERBUNDENER GLAUBE
Judentum | Christentum | Islam

MICHAEL HILFT DIR
- dich selbst zu lieben
- den Mut zu haben, zu deinen Überzeugungen zu stehen
- den Sinn deines Lebens zu finden
- all deine Beziehungen zu verbessern
- eine berufliche Orientierung zu finden, die dich glücklich macht
- ein erfülltes und leidenschaftliches Leben zu führen

ANRUFUNG
Dem Erzengel Michael werden üblicherweise die Farben Grün und Rot zugeordnet. Michael verwendet ein Schwert, um jegliches Hindernis zu durchtrennen. Schreib deine Bitte auf ein Stück Papier, stell dir sein Schwert vor und zerreiß den Brief im Bewusstsein, dass er dein Gebet erhört hat, in kleine Schnipsel. Du kannst die Papierschnipsel verbrennen oder wegwerfen.

ÜBER DEN ERZENGEL MICHAEL
Der Erzengel Michael wird als der wichtigste aller Engel angesehen. Er ist die per-fekte Verkörperung von Gottes Gnade. Michael ist der Erzengel des Schutzes und der Schutzpatron der Polizei. Er fördert Geduld, verleiht Mut, hilft bei beruflichen Ambitionen und sorgt für Motivation. Er hilft den Menschen, ihre Hoffnungslosigkeit zu überwinden und ihre innersten Träume zu verwirklichen.

Sobald du Michael in dein Leben einlädst, wirst du seine Liebe und seinen Schutz spüren. Michaels Schwert steht für seinen Mut und seine Fähigkeit, Hindernisse zu überwinden. Gern wird er jegliches Problem auf deinem Weg beseitigen, also wende dich an ihn, wenn du das Gefühl hast, vor einer Herausforderung zu stehen oder behindert zu werden. Er ist begeisterungsfähig und voller Energie und wird bereitwillig jegliche Aufgabe in Angriff nehmen, vor die er gestellt wird.

Es heißt, dass der Erzengel Michael Moses in Gestalt des Feuers im brennenden Dornbusch erschien, Daniel aus der Löwengrube errettete und den Propheten Mohammed aufsuchte, um ihn den Frieden zu lehren. Michael ist Gottes Überbringer der Liebe, der Hoffnung, des Friedens, der Freude, Weisheit und Gnade.

ERZENGEL AZRAEL

VERBUNDENER GLAUBE
Judentum | Islam

AZRAEL HILFT DIR
- dich sanft durch den Prozess des Sterbens zu bewegen
- deine Trauer zu mildern
- Blockaden auf deinem spirituellen Weg zu beseitigen
- auf die Führung deines Geistes zu hören

ANRUFUNG
Azrael wird oft die Farbe Lila zugeordnet. Du kannst einen Amethyst verwenden, wenn du mit Azrael arbeiten möchtest. Halte ihn in der Hand, wenn du dich an Azrael wendest, trage ihn bei dir oder positioniere ihn an einer Stelle, an der du ihn den ganzen Tag sehen kannst. Lass Azrael dich in Zeiten der Trauer mit seinen Flügeln umfangen und dich trösten. Bitte ihn um seine Unterstützung, wenn du dich in deinem Privatleben blockiert fühlst. Eine wirksame Methode ihn anzurufen, ist es, eine weiße Kerze anzuzünden.

ÜBER DEN ERZENGEL AZRAEL
Es ist Azraels Aufgabe, Gott (bzw. den Göttern) zu helfen. Azrael hilft dir dabei, alles, was dein spirituelles Wachstum hemmt, loszulassen. Er ist auch der Engel des Todes. Seine Hauptaufgabe besteht darin, Menschen durch den Prozess des Sterbens zu geleiten. Azrael hilft ihnen, sich sicher und geborgen zu fühlen, wenn sie dieses Leben hinter sich lassen. Er hilft ihren Geistern, sich auf das Leben im Jenseits einzustellen. Außerdem tröstet er die trauernde Familie. Wenn du dich in einer Zeit der Trauer an ihn wendest, wird er deinen seelischen Schmerz auffangen. Azrael vermittelt den Menschen außerdem den Unterschied zwischen Wahrheit und Illusion. Er bringt all jenen, die darum bitten, Erkenntnisse und Weisheit. In der muslimischen Tradition ist er einer der vier Engel, die Allah zur Erde sandte, um von dort Erdreich zu holen, aus dem er Adam erschuf.

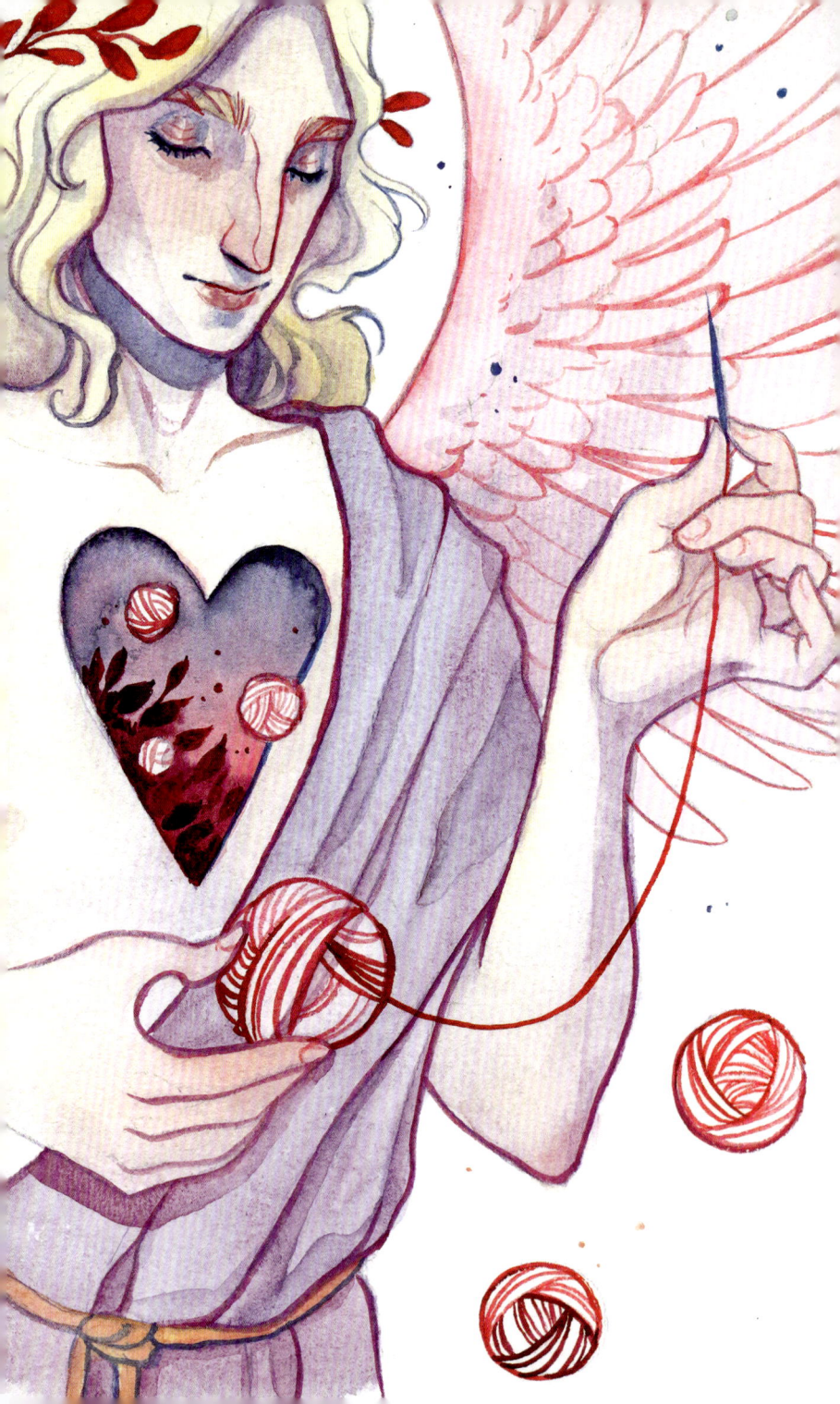

ERZENGEL CHAMUEL

VERBUNDENER GLAUBE

Judentum

CHAMUEL HILFT DIR

- Depressionen zu überwinden
- inneren Frieden zu erlangen
- Beziehungen zu verbessern
- anderen und dir selbst zu vergeben
- wahre Liebe zu finden
- dich zu lieben und zu akzeptieren
- eine Karriere aufzubauen

ANRUFUNG

Wende dich in Herzensangelegenheiten an Chamuel. Stell dir vor, du seist in ein helles rosafarbenes Licht getaucht. Öffne dein Herz und gestatte ihm, deine Gedanken und Gefühle zu leiten. Schreib deine Hoffnungen, Träume und Wünsche auf Zettel, entzünde eine rosafarbene Kerze und verbrenne die Zettel. Sieh zu, wie der Rauch nach oben steigt, in dem Wissen, dass deine Wünsche bereitwillig erfüllt werden.

ÜBER ERZENGEL CHAMUEL

Chamuel fördert Aufgeschlossenheit und erinnert uns daran, dass wir zuerst uns selbst lieben müssen, wenn wir andere lieben wollen. Er wird dir helfen, Voreingenommenheiten abzulegen und deine Unzulänglichkeiten als Gelegenheit zu sehen, dich mit deinem Geist zu verbinden und sie nicht als Bürde zu empfinden.

Chamuel wird dir helfen, Mitgefühl zu entwickeln, deine Kommunikationsfähigkeit zu verbessern, dein Leben ins Gleichgewicht zu bringen und den Wert zu erkennen, der darin liegt, anderen zu helfen. Wende dich an ihn, wenn du dich verloren oder überfordert fühlst. Chamuel hilft dir, gestörte Familienverhältnisse zu heilen. Er unterstützt dich in Liebesdingen, bei Beziehungen sowie hinsichtlich deiner Kreativität und Spiritualität. Er hilft dir dabei, deinen Seelenverwandten zu finden. Er wird dich auch dabei unterstützen, eine stabile, dauerhafte Basis für deine Beziehungen und deine Karriere zu schaffen. Er wird dir helfen, dein Herz zu öffnen und nach einer schmerzlichen Trennung zu vergeben oder den tragischen Tod einer nahestehenden Person zu verwinden.

ERZENGEL ZAPHIEL

VERBUNDENER GLAUBE

Judentum

ZAPHIEL HILFT DIR

- inneren Frieden zu finden
- ein verletztes Tier zu heilen
- besser zu schlafen
- deine Kinder zu schützen
- dein Herz mit Vergebung zu erfüllen

ANRUFUNG

Entzünde eine blassblaue Kerze. Zuerst bitte um die Fähigkeit, dir selbst und all jenen zu vergeben, die mit der betreffenden Angelegenheit zu tun haben, selbst wenn du keinen Bedarf für Vergebung siehst. Dann bitte ihn um seine Hilfe. Von dem Augenblick an, in dem du ihm Herz und Verstand öffnest, wird er alles in seiner Macht Stehende tun, um dir dabei zu helfen, das Problem zu lösen.

ÜBER ERZENGEL ZAPHIEL

Zaphiel ist der Leiter des Chores der Cherubim. Seine Stimme besitzt die Macht und die Kraft, noch das zornigste aller Herzen zu besänftigen. Seine Gewänder sind aus feinster blassblauer Seide. Obgleich er bescheiden ist, benimmt er sich doch würdevoll. Er besitzt ein umwerfendes Lächeln. Er rettete Noahs Familie, indem er sie lehrte, wie sie die Sintflut überstehen konnten. Er ist liebevoll und kümmert sich um alle Wesen, selbst die kleinsten Tiere. Zaphiel schätzt Vergebung und Demut, und er wird dir vermitteln, wie du in jeglicher Situation Liebe und Vollkommenheit erkennst. Wende dich an ihn, und er wird dich freudig umarmen und jegliche Zweifel und Zukunftsängste von dir nehmen. Sobald du dein Leben in göttliche Hände gegeben hast und bereit bist, den Einblicken Folge zu leisten, die du erhältst, werden Zauber und Wunder Teil deines täglichen Lebens werden.

Zaphiel ist besonders kinderlieb. Sollte dein Kind mit irgendetwas zu kämpfen haben, bring ihm bei, Zaphiel um Hilfe zu bitten. Er wird es mit seinen Flügeln umfangen und einige der Widrigkeiten des Lebens abmildern. War das Wetter zu feucht oder zu trocken, dann kannst du dich an ihn wenden, damit er Gleichgewicht und Harmonie schafft. Er ist für seine Wunder bekannt.

ERZENGEL GABRIEL

VERBUNDENER GLAUBE

Judentum | Islam | Christentum

GABRIEL HILFT DIR

- dich mit deiner weiblichen Seite zu verbinden
- Botschaften deines Geistes zu empfangen
- dein Leben zu zelebrieren
- deine tiefsten Sehnsüchte zu offenbaren
- deinen Körper, deinen Verstand, dein Heim und deinen Geist zu reinigen
- bei stürmischem Wetter oder auf Reisen geschützt zu sein
- mit deinem ungeborenen Kind zu kommunizieren

ANRUFUNG

Gabriels Stimme wird dich mit Frieden und Freude erfüllen. Wenn du siehst, wie das Mondlicht in deine Wohnung dringt, dann ist Gabriel da, um dich mit seiner Präsenz zu segnen. Du brauchst bloß eine schlichte Bitte zu äußern: „Gabriel, ich bitte dich um deine Führung und Unterstützung. Bitte hilf mir (erläutere deine Bedürfnisse). Ich danke dir für deine Liebe und dafür, in meinem Leben zu sein."

ÜBER DEN ERZENGEL GABRIEL

Gabriel ist einer der beiden ranghöchsten Engel. Er ist ein Bote, sein Symbol ist die Posaune. Gabriel übermittelte dem Propheten Mohammed dessen Offenbarungen. Er verkündigte der Welt die Geburt Johannes des Täufers und Maria, dass sie Jesus gebären werde. Gabriel bringt der Menschheit eine Botschaft der Hoffnung. Er gemahnt daran, wie wichtig es ist, einander zu lieben. Er begünstigt Einheit und Einssein, bringt Gnade, Vergebung und Veränderung.

Gabriel wird mit dem Mond in Verbindung gebracht. Seine Präsenz kündigt er häufig mit einem silbernen Lichtblitz an. Er herrscht auch über das Element Wasser und wird mit der Himmelsrichtung Westen assoziiert. Er hilft durch intuitive Einsichten und mit pflanzlichen Arzneien, etwa bei Menstruationsbeschwerden. Gabriel wählt auch aus, welche Seelen geboren werden. Er hilft dem Geist, sich auf die aufregende Reise des Lebens auf der Erde einzustellen. Gabriel besitzt die Gabe, Wünsche zu erfüllen, Freude zu bringen, göttliche Mysterien sichtbar werden zu lassen, die Wahrheit aufzudecken und Gerechtigkeit walten zu lassen. Gabriel kann dich vor stürmischem Wetter schützen und deine Reise unbeschwerlich und mühelos machen.

ERZENGEL ARIEL

VERBUNDENER GLAUBE
Judentum

ARIEL HILFT DIR
- ein verletztes Tier zu heilen
- größere Harmonie in all deine Beziehungen zu bringen
- dein Heim zu segnen und zu reinigen und deinen Körper zu läutern
- die Umwelt betreffende Sorgen zu überwinden

ANRUFUNG
Möchtest du Ariels Unterstützung bekommen, flüstere ihren Namen in den Wind oder wenn du neben fließendem Wasser stehst. Wenn du dich um ein verletztes Tier kümmern musst, rufe sowohl Ariels als auch Raphaels Heilkräfte an. Da Ariel eine Meisterin der Manifestation ist, kannst du sie um Hilfe bitten, deine tiefsten Sehnsüchte wahr werden zu lassen.

ÜBER DEN ERZENGEL ARIEL
Erzengel Ariel ist zutiefst mit der Mutter Erde verbunden. Sie beherrscht es meisterlich, selbst in den chaotischsten Situationen Gleichgewicht und Harmonie herzustellen. In der Kabbala ist Ariel eng mit dem Freisetzen gefangener Geister, der Manifestation und der göttlichen Magie assoziiert.

Ist sie zugegen, wirst du häufig ein helles goldenes Licht sehen oder die Gegenwart eines Löwen spüren. Das Heilen und Schützen der Natur ist ihr ein besonderes Anliegen. Solltest du ein verletztes Tier finden, wende dich an Ariel. Sie kann auch angerufen werden, um Krankheiten bei Menschen zu heilen.

Ariel ist auch eine Nixe und für Wassergeister zuständig. Sie hat einen tiefen Bezug zu Walen, Delfinen und Meeresschildkröten. Ihre Präsenz ist besonders stark, wenn du dich in der Nähe von fließenden Gewässern oder dem Meer befindest. Außerdem ist sie mit dem Wind assoziiert.

Ariel ist Expertin im Reinigen und Läutern. Wende dich an sie, wenn du dein Heim segnen oder deinen Garten zum Blühen bringen willst. Wann immer du ein Zimmer auf Vordermann bringen oder Frühjahrsputz machen willst, bitte Ariel um Unterstützung. Um dir ihrer Präsenz zuhause gewiss zu sein, stelle einen kleinen Springbrunnen auf und platziere Pflanzen um ihn herum.

ERZENGEL JOPHIEL

VERBUNDENER GLAUBE
Judentum | Christentum

JOPHIEL HILFT DIR
- bei Prüfungen gut abzuschneiden und Unwissenheit zu überwinden
- deine spirituellen Praktiken zu verfeinern
- deine Kreativität zu steigern
- das Haus zu putzen
- Vorurteile zu überwinden
- die Umwelt zu schützen

ANRUFUNG
Bitte Jophiel um Inspiration. Er geht oft auf sehr subtile Weise vor, sei also nicht entmutigt, wenn du nicht sofort Ergebnisse siehst. Er ist da, bereichert dein Leben mit seiner Weisheit und verhilft dir zu Einsichten. Seine Hilfe offenbart sich möglicherweise nur langsam, denn er arbeitet auf einer tieferen Ebene, um dauerhafte Veränderung und bleibende Lösungen herbeizuführen.

Entzünde eine gelbe oder goldfarbene Kerze, wenn du Jophiel um Unterstützung bittest. Nimm dir ein paar Minuten Zeit, deine Gedanken zu sammeln, und erzähl ihm dann von deinem Leben. Lass seine Güte und Freude dir dabei helfen, all deine Entscheidungsmöglichkeiten zu erkennen.

ÜBER DEN ERZENGEL JOPHIEL
Jophiel Name bedeutet „Schönheit Gottes". Er bewacht den Baum des Lebens mit einem flammenden Schwert und vertrieb Adam und Eva aus dem Garten Eden. Sein feuriges Schwert durchschneidet Illusionen.

Jophiel wird häufig die Farbe Gelb zugeordnet. Er trägt eine silberfarbene Tunika und hat blaue Augen. Seine großen, schimmernden Flügel verbreiten ein goldenes Licht. Jophiel wird dir helfen, Freude und Zufriedenheit zu empfinden, Licht in dein Leben zu bringen und das Schöne um dich herum zu sehen. Er segnet alle schöpferischen Unternehmungen und erweitert die Möglichkeiten jener, die ihn anrufen. Jophiel lehrt uns die Kraft der Liebe. Er gehört zum Chor der Cherubim und gemahnt uns der Herrlichkeit spiritueller Bestrebungen. Er bringt uns innere Weisheit, Erleuchtung und Beständigkeit.

ERZENGEL HANIEL

VERBUNDENER GLAUBE

Judentum

HANIEL HILFT DIR

- neue Freundschaften zu schließen
- ein erfülltes Liebesleben zu schaffen
- bei jeglicher künstlerischen Unternehmung
- deine Intuition zu verbessern
- deine Heilrituale zu beseelen
- Gleichgewicht in alle Bereiche deines Lebens zu bringen

ANRUFUNG

Wenn du möchtest, dass Haniel dir dabei hilft, deine spirituellen Gaben zu entwickeln, entzünde eine silberfarbene Kerze. Um körperliche Heilung zu begünstigen, zünde eine grüne Kerze an. Eine dunkelrote Kerze hilft, die göttliche Gnade zu beschwören. Stelle dich ins Mondlicht und rufe Haniels Namen. Sie wird dich mit der Weisheit, der Stärke und dem Überfluss der göttlichen Gnade erfüllen.

ÜBER DEN ERZENGEL HANIEL

Haniels Weisheit und Stärke kann menschliche Belange unmittelbar beeinflussen. Wird sie in Anspruch genommen, kann sie Herz und Verstand der Mächtigen in der Welt dahingehend verändern, bedeutsame Veränderungen zum Wohle der Menschheit herbeizuführen. Haniel kann Ödland in fruchtbares Land verwandeln. Sie kann bewirken, dass deine Stimmung von einem Moment auf den anderen von großer Hoffnungslosigkeit in große Freude umschlägt.

Haniel trägt ein smaragdgrünes Gewand und hat große silbergraue Flügel. Häufig trägt sie eine braune leuchtende Laterne. Sie bringt Harmonie und Gleichgewicht wohin auch immer sie geht. Ihr Symbol, die Rose, steht für die Schönheit des spirituellen Wachstums. Indem sie sich auf die Energie des Mondes stützt, wird Haniel dir dabei helfen, deine spirituellen Gaben anzunehmen.

Haniel strahlt innere Weisheit und Stärke aus, die sie bereitwillig an alle weitergibt, die sich an sie wenden. Außerdem erfüllt sie Menschen mit gesundem Menschenverstand. Sie erinnert dich daran, dass äußere Freude vergänglich ist, die Zufriedenheit, die von innen kommt, jedoch nie verloren geht.

ERZENGEL RAPHAEL

VERBUNDENER GLAUBE

Judentum | Christentum

RAPHAEL HILFT DIR

- unbeschwert und sicher zu reisen
- deinen Verstand, Körper und Geist zu heilen
- Entscheidungen zu treffen und klarer zu denken
- die unendlichen Möglichkeiten des Lebens zu erkennen
- bei deinen Prüfungen gut abzuschneiden

ANRUFUNG

Bitte einfach um Raphaels Hilfe, und er wird für dich da sein. Du kannst etwas sagen wie: „Raphael, Engel des Heilens, leuchte hell in meinem Leben. Ich danke dir im Voraus für deine Führung, für deine Liebe und deinen Schutz."

ÜBER DEN ERZENGEL RAPHAEL

Raphael ist einer der sieben Engel, die Herrschaft über die Erde besitzen. Erzengel Raphael widmet sich vornehmlich dem Heilen. Er wird dir die Energie geben, die du benötigst, um jegliche Herausforderung in deinem Leben zu bewältigen. Er kann Beziehungen heilen und dir tiefschürfende Einsichten vermitteln. Raphael trägt ein gewaltiges Schwert, das es dir ermöglicht, den Schleier der Illusion zu durchtrennen. Raphael reagiert auf Gebete und bringt allen, die sich an ihn wenden, Freude, Liebe, Frieden und Wunder. Solltest du plötzlich den Drang verspüren zu beten, lädt dich Raphael dazu ein, mit ihm zu sprechen.

Raphael wird mit dem Frühling und dem Abendwind in Verbindung gebracht. Man kann ihn bitten, dabei zu helfen, die Erde zu heilen. Außerdem beschützt er Kinder und Reisende. Er führt all jene, die faktisch reisen, und auch jene, die Reisen ins Innere unternehmen. Bitte Raphael um seine Hilfe, physischen oder seelischen Schmerz zu lindern.

Raphaels Gewänder sind aus feinster goldfarbener Seide. Er wird dir den Mut geben, das Unbekannte in dir selbst und der dich umgebenden Welt zu erkunden, und begünstigt Durchbrüche in der Welt der Wissenschaft. Raphael hilft dir, deine einschränkenden Überzeugungen, Übereinkünfte und Annahmen mit mehr Klarheit zu sehen, sodass du sie loslassen kannst.

ERZENGEL ZERACHIEL

VERBUNDENER GLAUBE

Judentum

ZERACHIEL HILFT DIR

- dich von Süchten freizumachen
- verlorene Gegenstände und entlaufene Haustiere wiederzufinden
- zu heilen
- Gartengestaltungsvorhaben erfolgreich umzusetzen
- bei der Arbeit mit deinen Träumen
- Schlaflosigkeit zu überwinden
- Kindheitstraumata zu verarbeiten

ANRUFUNG

Eine schlichte Bitte wird Zerachiel unverzüglich veranlassen, dir zu helfen. Seine liebende Präsenz wird dich in bessere Zeiten führen.

ÜBER DEN ERZENGEL ZERACHIEL

Zerachiel ist ein Engel des Heilens, der über die menschlichen Wesen wacht, besonders über Kinder, deren Eltern Suchtprobleme haben. Wenn du Probleme mit nächtlichen Angstattacken oder dem Einschlafen hast, wird dir Zerachiel helfen. Er wird dir auch dabei helfen, mit deinen Träumen zu arbeiten und dich zu erinnern. Wende dich an ihn, bevor du eine Prüfung ablegst, wenn du dich an einen Namen erinnern musst oder versuchst, einen Gegenstand wiederzufinden.

Er hat Herrschaft über die Erde und kümmert sich liebevoll um die Umwelt und Tiere aller Art. Nimm seine heilende Kraft in Anspruch, wenn eines deiner Haustiere erkrankt. Sollte dein geliebtes Haustier sich verlaufen haben, wird dir Zerachiel dabei helfen, es zu finden.

Ist er zugegen, siehst du wahrscheinlich weinrote oder dunkelviolette Blitze. Sein Auftreten ist majestätisch, sein Gesicht sanftmütig, liebevoll und gütig. Wenn du dich an ihn wendest, wirst du spüren, wie sich eine wohlige Wärme in deiner Brust ausbreitet. Vielleicht kribbeln deine Hände und Füße. Vielleicht flüstert dir Zerachiel auch in deinen Träumen etwas zu. Möglicherweise ertappst du dich sogar dabei, wie du links abbiegst, wo du hättest rechts abbiegen sollen. Vertraue dem Vorgang und wisse, dass Zerachiel dich zu deinen Antworten führt.

ERZENGEL URIEL

VERBUNDENER GLAUBE

Judentum | Christentum

URIEL HILFT DIR

- deine Kreativität zu erschließen
- deine Erkenntnisse zu vertiefen
- die Vielfalt möglicher Entwicklungen in der Zukunft zu erkennen, die sich dir durch deine Entscheidungen eröffnen
- Entscheidungen zu treffen, die auf Liebe basieren
- deinen größten Albtraum in ein Geschenk zu verwandeln

ANRUFUNG

Uriel ist der Engel der Kreativität und des Weissagens. Er wird sowohl den Cherubim als auch den Seraphim zugeordnet, und hat eine lange Liste von Namen, unter anderem „Herrscher der Sonne" und „Engel der Gegenwart". Er hat eine Leidenschaft für die Musik, das Weissagen und die Erlösung aller menschlichen Wesen. Er ist bekannt für seine Leidenschaft, mit der er sich dem göttlichen Willen hingibt, und für seine Fähigkeit, kreative Lösungen zu finden.

In der himmlischen Überlieferung gibt es zahlreiche Geschichten über Uriel. Der Sage nach zeigte Uriel den Menschen, wie durch die Wahrnehmungsfähigkeit eines offenen Herzens die göttliche Gnade eingeladen werden kann. Indem er ihnen beibringt, das Leben durch die Augen der Liebe zu sehen, kann er ihnen tiefgehende Erkenntnisse über die Reise des Lebens vermitteln. Als ein Engel der Erlösung und der Transformation bringt Uriel Frieden und kann deine schwierigsten und schmerzlichsten Erfahrungen in die größten Segnungen verwandeln.

Uriel ist gütig und bereit, den Sterblichen auf jede erdenkliche Art zu helfen. Mit seiner Liebe zeigt er den Menschen den Unterschied zwischen dem Hören auf die einschränkenden Überzeugungen des Verstands und dem Ausleben der umfassenden Perspektive des Geistes auf.

GADIEL

VERBUNDENER GLAUBE

Judentum

GADIEL HILFT DIR

· eine positive Lebenseinstellung zu bewahren
· eine kaputte Beziehung wieder in Ordnung zu bringen
· deine berufliche Leistung zu verbessern
· dein Leben umzugestalten
· dich von einschränkenden Glaubenssätzen zu befreien

ANRUFUNG

Eine der Möglichkeiten, dich an Gadiel zu wenden, ist es, nach draußen zu gehen, wenn ein starker Wind weht. Lade den Wind ein, deine Gebete zu Gadiel zu tragen. Du kannst auch die Augen schließen und dir vorstellen, dass deine Bitte auf einer Karte an einen Ballon gebunden ist. Atme ein paarmal tief ein, und wenn du das Gefühl hast, dass der richtige Zeitpunkt gekommen ist, stell dir vor, wie du den Ballon loslässt. Wisse, dass Gadiel deine Gebete stets erhört.

ÜBER GADIEL

Gadiel wird als der heiligste aller Engel bezeichnet. Sein Name bedeutet: „Gott ist mein Reichtum." Er ist einer von mehreren Wächtern der Pforte des Südwinds. Man hat Amulette zum Abwehren von Bösem gefunden, in die sein Name eingraviert worden war. Gadiel wird häufig von Magiern angerufen, um große Macht heraufzubeschwören. Wenn du dich an Gadiel wendest, siehst du möglicherweise gelbe oder grüne Blitze. Vielleicht bewegen sich auch deine Vorhänge, obwohl die Fenster geschlossen sind. Vertraue darauf, dass seine Liebe dich zur Wahrheit führt und dir die günstigste Richtung weist, die du in deinem Leben einschlagen kannst.

Wenn du niedergeschlagen bist oder dich vom Leben betrogen fühlst, ist Gadiel der richtige Engel für dich. Bitte um seinen Schutz, bevor du dich einer negativen Situation aussetzt. Gadiel wird dir auch dabei helfen, dich nach einer Meinungsverschiedenheit mit einem Freund, nach einer ungünstigen Bewertung durch einen Vorgesetzten oder einem Streit mit deinem Partner von negativen Gefühlen zu befreien. Er ist so voller Liebe, dass er dir helfen wird, alles loszulassen, was keine bedingungslose Liebe ist.

DIENENDE ENGEL

VERBUNDENER GLAUBE
Judentum

DIENENDE ENGEL HELFEN DIR
- physische und psychische, seelische und spirituelle Heilung zu erlangen
- Orientierungshilfe und Führung zu finden
- eine nahestehende Person zu trösten
- all die Unbill in Zeiten von Katastrophen und Gewalt zu überstehen

ANRUFUNG
Es ist wunderbar, den Tag damit zu beginnen, seine dienenden Engel anzurufen. Leg ein hübsches Stück Stoff an eine Stelle, auf die die Morgensonne fällt. Stell ein Glas darauf, das im Sonnenlicht funkelt. Befülle es jeden Morgen mit Wasser und bitte deine dienenden Engel darum, dich zu leiten und zu beschützen. Bevor du zu Bett gehst, nimm dir einen Augenblick Zeit, ihnen für einen wunderbaren Tag zu danken, und gieß das Glas aus. Stell dir dabei vor, dass du tief und fest schläfst und erfrischt erwachst. Fühlst du dich krank, halte ein Glas Wasser in deiner Hand und bitte darum, dass deine dienenden Engel dich heilen. Stell dir vor, wie heilende Energie ins Wasser strömt und trink es dann.

ÜBER DIENENDE ENGEL
Dienende Engel werden jeden Morgen geschaffen, um Dankbarkeit, Trost und Freude in die Welt zu bringen und werden jeden Abend vom göttlichen Himmelsraum wieder absorbiert. Diese dienenden Engel sind jedem Wesen zu Diensten, das des göttlichen Beistands bedarf. In manchen Traditionen werden sie als die ranghöchsten Engel angesehen, während sie in anderen auf der untersten Stufe in der Hierarchie der Engel stehen. Es ist nicht bekannt, wie viele dienende Engel es gibt, doch wenn du die Dienste eines dienenden Engels benötigst, kannst du ganz beruhigt sein, denn es stehen mehr als genug davon zur Verfügung. Obwohl namenlos, sind sie doch eine sehr machtvolle Kraft des Heilens, und wenn sie eingeladen werden, kommen sie sogleich. Wenn du am Morgen erwachst, bitte sie um ihre Führung, Liebe und Orientierung. Fühlst du dich krank, bitte sie darum, deinen Körper zu heilen.

EMMANUEL

VERBUNDENER GLAUBE

Judentum | Christentum

EMMANUEL HILFT DIR

- das Leben in seiner Gesamtheit zu zelebrieren
- Dankbarkeit als eine Pforte zu persönlicher Freiheit zu nutzen
- jegliche Situation umzugestalten
- gesündere Beziehungen zu begründen

ANRUFUNG

Emmanuel ist stets verfügbar, um dir zu helfen. Sobald du beschlossen hast, ihn um seine Unterstützung zu bitten, sei dir dessen bewusst, dass er den Weg für den Zauber bereits geebnet hat. Konzentriere dich darauf, dankbar für seine liebevolle Unterstützung zu sein. Dann entzünde eine orangefarbene Kerze und sage: „Emmanuel, hilf mir zu erkennen, was ich tun muss, um Freude, Glück und Leichtigkeit in allen Bereichen meines Lebens zu erfahren. Umgib mich mit deiner Liebe, sodass ich deine behutsame Führung und Kraft spüren kann. Ich danke dir für die Wundertaten, die sich in meinem Leben ereignen werden."

ÜBER EMMANUEL

Frei übersetzt heißt Emmanuel „Gott ist bei uns". Er trägt oft ein langes Schwert, das multidimensionale Fenster öffnet, durch die Magie und Wunder hindurchgelangen können. Emmanuel liebt die Farbe Orange und frische Blumen. Häufig erscheinen Schmetterlinge, wenn du ihn anrufst. In deinem Herzen spürst du sogleich, wie sich Liebe, Hoffnung und Freude leise regen. Emmanuel bringt uns in Erinnerung, dass Gott jedem und allem innewohnt, und dass Magie und Wunder Teil eines jeden Lebens werden können, wenn wir es nur zuzulassen.

Er erinnert dich daran, jeden Augenblick auszukosten und im Alltäglichen das Heilige wahrzunehmen. Er wird dir helfen, dein Leben auf wundersame Weise umzugestalten. Wenn du dich an Emmanuel wendest, rechne damit, dass er dich bittet, in dich hineinzuschauen und dein Selbstverständnis zu hinterfragen.

CAMAEL

VERBUNDENER GLAUBE

Judentum | Neuzeitliche Druiden

CAMAEL HILFT DIR

- Gleichgewicht zu schaffen
- dich von Stress freizumachen
- deine angeborene Güte zu wecken
- Gerechtigkeit zu finden
- deine Beziehungen zu verbessern

ANRUFUNG

Entzünde eine grüne Kerze, atme ein paarmal tief durch und erlaube Camael, dich mit seinen Flügeln zu umfangen. Öffne dein Herz und bitte ihn um seine Unterstützung. Bring deine Bedürfnisse und Wünsche aufrichtig zum Ausdruck. Gestatte dir, seine Liebe zu spüren und lass dich von seiner Weisheit führen.

ÜBER CAMAEL

Camaels Name nimmt Bezug auf die „göttliche Gerechtigkeit". Camael erschien Jesus im Garten Gethsemane. In der Mythologie der Druiden ist er der Gott des Krieges und herrscht über den Planeten Mars. Wenn er beschworen wird, kann er als ein auf einem Felsen kauernder Leopard erscheinen oder als ein Krieger in rotem Waffenrock. Er trägt eine grüne Weste und hat riesige grüne Flügel. Wenn du ihn anrufst, wirst du oft grüne Lichtblitze sehen.

Camael ist der Hüter der Himmelspforte. Er verleiht jedem, der ihn darum bittet und Gott aufrichtig liebt, Kraft und Unbesiegbarkeit. Er vertieft zwischenmenschliche Beziehungen und hilft bei der Selbstdisziplin. Als Verteidiger der göttlichen Gerechtigkeit kann Camael auch das Karma ausgleichen. Er kann dafür sorgen, dass dir Gerechtigkeit widerfährt, wenn er spürt, dass du aufrichtig bist.

Die größten Geschenke im Leben werden dir zuteil, wenn du den im Gleichgewicht befindlichen Mittelweg findest, der in deinem Innern liegt. Willst du dieses Gleichgewicht finden, wende dich an Camael. Er wird dir helfen, dich mit deiner inneren Weisheit zu verbinden und alle Bereiche deines Lebens auszubalancieren. Er hilft dir, die Flucht zu ergreifen und bei jeglicher Unternehmung, die das höchste aller Güter unterstützt, erfolgreich zu sein.

MURIEL

VERBUNDENER GLAUBE

Christentum

MURIEL HILFT DIR

- · Frieden zu finden
- · dein Haustier zu heilen
- · die Pflanzen in deinem Garten wachsen zu lassen
- · mit einem offenen Herzen zu lieben

ANRUFUNG

Richte dich mit einem Strauß deiner Lieblingsblumen in Händen gen Süden und rufe leise „Muriel". Wiederhole ihren Namen, bis du ihre liebende Präsenz spürst. Bitte sie dann um ihre Führung, ihre Liebe und Unterstützung. Sei nicht überrascht, wenn du gebeten wirst, jemand anderem zu helfen. Wenn du jemandem in einer sich zufällig ergebenden Situation eine Gefälligkeit erweist oder Schönheit honorierst, kannst du dein Leben auf tiefgreifende Weise verändern.

ÜBER MURIEL

Zu Muriels Aufgaben gehört es, sich um die Tiere und Pflanzen zu kümmern. Muriel wird häufig mit einem Blumenkranz dargestellt, den sie liebevoll dem Fluss des Lebens anvertraut. Ist sie zugegen, kann es sein, dass du den Duft deiner Lieblingsblume wahrnimmst. Muriel bringt Botschaften des Friedens und der Harmonie und erinnert uns daran, dass jede gute Tat um ein Vielfaches vergolten wird. Muriels großes Herz wird dir zeigen, wie du bedingungslos liebst.

Wenn du Muriel in dein Leben einlädst, wirst du dir deiner Intuition bewusst werden. Solltest du plötzlich darüber nachdenken, Obdachlosen zu helfen, setze es in die Tat um. Muriel bringt uns bei, dass Anderen zu helfen der Weg zu wahrem Glück ist. Willst du dein Leben wirklich ändern, dann biete deine ehrenamtliche Hilfe in einem Obdachlosenasyl an, jäte Unkraut in einer öffentlichen Grünanlage oder führe Hunde aus einem Tierheim aus. Reiche jemand anderem deine helfende Hand und beobachte, was in deinem Leben geschieht. Vielleicht findest du deine künftige Liebe oder deinen Traumjob aufgrund deines freiwilligen Einsatzes. Allerdings lehrt uns Muriel auch, dass wir ohne die Erwartung, etwas dafür zurückzubekommen, mit offenem Herzen agieren sollen.

SCHUTZENGEL

VERBUNDENER GLAUBE
Nahezu alle Religionen

SCHUTZENGEL HELFEN DIR
· Kontakt zu himmlischer Anleitung zu bekommen
· Orientierung in deinem Leben zu finden
· die Gewissheit zu erlangen, dass du beschützt bist
· mit Hoffnung und Freude erfüllt zu sein

ANRUFUNG
Du solltest dich regelmäßig an deinen Schutzengel wenden. Indem du einfach
den Wunsch äußerst, ihn kennenzulernen, gibst du dir selbst die Möglichkeit,
eine unglaublich liebevolle, lebenslange Beziehung zu ihm aufzubauen. Schließe
zunächst die Augen und stell dir deinen Schutzengel vor. Stell dir vor, er stünde
neben dir. Wie sieht dein Engel aus? Frag ihn nach seinem Namen. Es mag ein
wenig dauern, bis du deinen Engel sehen und hören kannst, aber es ist die Mühe
wert. Du musst einfach nur sagen: „Schutzengel, ich weiß, dass du mich schon
immer begleitet hast. Ich öffne meinen Geist und mein Herz deiner Präsenz.
Bitte hilf mir zu spüren, wie mich deine Flügel umfangen, hilf mir, deine Worte
zu hören und deine Liebe zu spüren."

ÜBER SCHUTZENGEL
Schutzengel sind Geistwesen, die eigens dazu geschaffen wurden, Seelen zu
führen und zu leiten, die in das Reich des Physischen inkarniert worden sind.
Sie arbeiten mit Menschen, Tieren, Pflanzen und allen anderen Erscheinungsformen des Universums. Sie beschützen und leiten dich und überbringen dir
Botschaften vom Heiligen Geist. Du wirst mit mindestens einem Schutzengel
geboren, der das ganze Leben lang über dich wacht. Mitunter kommen andere
hinzu, um dir beizustehen. Dein Engel wird dich ermutigen, Entscheidungen
zu treffen, die dir Freude bereiten und die eure spirituelle Verbindung vertiefen.
Schutzengel können nicht für dich in Aktion treten oder dich davon abhalten,
dir selbst wehzutun, aber sie können dich an deine Vollkommenheit gemahnen.
Ihre größte Freude besteht darin zu sehen, wie du im Leben Erfolg hast.

BATH KOL

VERBUNDENER GLAUBE

Judentum

BATH KOL HILFT DIR

- Vergebung zu finden
- deinen Gesang zu verbessern
- dich mit größerer Klarheit auszudrücken
- zu entscheiden, was du erschaffen willst
- die Möglichkeiten zu erkennen, die die Zukunft für dich birgt
- deine Liebesfähigkeit zu verbessern

ANRUFUNG

Um dich an Bath-Kol zu wenden, denke an das, was du erschaffen möchtest, und singe dann dein Anliegen laut heraus. Bitte um ihre Hilfe und sie wird da sein. Du kannst etwas sagen wie: „Bath-Kol, göttliche Tochter der Stimme, ich bitte dich um deinen Beistand. Bitte leite mich auf meinem Lebensweg. Hilf mir dabei, mir abzugewöhnen, zu werten und zu urteilen, und dabei, das Leben durch die Augen der Liebe zu sehen. Unterstütze mich darin, Entscheidungen zu treffen, die mein Leben und das meiner Mitmenschen bereichern werden. Ich danke dir für dein Verständnis, deine Liebe und Unterstützung."

ÜBER BATH KOL

Bath-Kol ist als „himmlische Stimme" oder „Tochter der Stimme" bekannt. Sie fördert liebevolle und klare Kommunikation. Sie wird dich dabei unterstützen, dich mit deinem Geist zu verbinden und die Intensität zu verstärken, in der du Liebe erfährst. Bath-Kol ist auch der Engel der Prophetie, der uns tiefe Einblicke in die Zukunft schenken kann. Diese Einblicke kannst du bei deinen Entscheidungen nutzen. Bath-Kol wird zu dir kommen, wenn du dich in einer Krise befindest, und dich daran erinnern, dass diese Welt sicher und gütig ist. Ihre Flügel werden dich in dem Augenblick liebevoll umfangen, in dem du ihr dein Herz und deinen Verstand öffnest, und sie um ihre Unterstützung bittest. Du kannst Bath-Kol anrufen, wenn du Schwierigkeiten damit hast, jemandem zu vergeben, oder wenn du dich von deinen eigenen Urteilen freimachen möchtest. Sie wird dir beibringen, mit Anstand, Unbefangenheit und Großmut zu leben.

ZACHARIEL

VERBUNDENER GLAUBE

Judentum

ZACHARIEL HILFT DIR

- dein Gedächtnis zu verbessern
- verlorene Gegenstände wiederzufinden
- dich an Namen zu erinnern
- deine Finanzen in Ordnung zu bringen
- bei Prüfungen gut abzuschneiden
- das Verhältnis zu deiner Familie zu verbessern

ANRUFUNG

Um Zachariel in dein Leben einzuladen, entzünde eine lilafarbene Kerze und rufe seinen Namen. Sage dann: „Zachariel, hilf mir, mich an all die Segnungen und Geschenke in meinem Leben zu erinnern. Bitte hilf mir, daran zu denken, auf liebevolle und sanfte Weise zu sprechen. Lass deine Erhabenheit und Gnade sich auf alle Bereiche meines Lebens auswirken. Bitte hilf mir, [erläutere deine Wünsche]. Ich danke dir, dass du dir mein Anliegen anhörst, und für den Zauber und die Wunder, die du im Begriff bist, in meinem Leben zu wirken." Zachariel um Hilfe zu bitten, die Fragestellungen in deinem Leben aus einer größeren Distanz zu betrachten, kann dir zu tiefen Einsichten verhelfen und Frieden bringen.

ÜBER ZACHARIEL

Zachariel ist der Engel, der Herrschaft über das Gedächtnis besitzt. Er ist ein Archivar, der dir dabei hilft, all die Erinnerungen an dein Leben zu bewahren. Er wird ganz leise in dein Leben treten und dich an deine Vollkommenheit erinnern. Er wird dein Herz berühren, dich mit Zufriedenheit, Unbefangenheit, Freude und Aufnahmebereitschaft erfüllen. Seine Präsenz wird alles reibungsloser ablaufen lassen. Wenn du stirbst, wird er dir helfen, dein Leben Revue passieren zu lassen. Nimm dir die Zeit, Zachariel kennenzulernen. Er wird dein Leben bereichern und dir helfen, die Bandbreite deiner Erfahrungen auszukosten. Zachariel wird dir auch helfen, dich an gute Zeiten zu erinnern und zu erkennen, welche Optionen du hast, um schwierige Zeiten besser durchzustehen. Er hilft dir, die Wogen in familiären Beziehungen zu glätten.

METATRON

VERBUNDENER GLAUBE

Judentum | Islam

METATRON HILFT DIR

- deine Trauer zu lindern
- deine Verbindung zu deinem Geist zu vertiefen
- in Krisenzeiten Frieden zu finden
- einen schmerzvollen Tod in einen friedlichen umzuwandeln
- deine Gebete zum Himmel zu senden

ANRUFUNG

Wenn du Metatron anrufst, wirst du eine hochaufragende feuerrote Lichtsäule sehen. Sobald du um seine Hilfe bittest, spürst du, wie sich deine Verbindung zu deiner Göttlichkeit verstärkt. Vielleicht spürst du auch ein Kribbeln in Händen und Füßen oder ein leichtes Kitzeln am Kopf. Du musst lediglich etwas so Simples sagen wie: „Metatron, bitte hilf mir."

ÜBER METATRON

Metatron ist einer der mächtigsten Engel. Er wird auch als Statthalter des Himmels und Prinz der dienenden Engel bezeichnet. Die Bedeutung des Namens Metatron ist unter Theologen umstritten; manche sehen in ihm den, „der neben Gott sitzt", andere einen „Führer" oder „Gesandten". Metatron findet im Talmud, im Sohar und im Koran viele Male Erwähnung. Er führte das Volk Israel aus der Wüste. Er hielt Abraham davon ab, Isaak zu töten. Er stärkt und bewahrt die Verbindung zwischen den Menschen und dem Göttlichen.

Eine seiner Aufgaben ist es, Menschen Kraft zu geben. Trotzdem wird er in einigen Legenden als Todesengel angesehen. Liebevoll geleitet er Kinder, die verfrüht sterben, ins Paradies und hilft ihnen, sich in dem Leben dort zurechtzufinden. Er lindert die Trauer von Eltern, die ihre Kinder verlieren.

ISRAFIL

VERBUNDENER GLAUBE
Islam

ISRAFIL HILFT DIR
- Musik zu komponieren und deine musikalischen Fähigkeiten zu verbessern
- die Macht der Dankbarkeit zu erfahren
- alte Wunden oder Verletzungen zu heilen
- Depressionen abzumildern

ANRUFUNG
Um Israfil zu beschwören, beginne *Om* zu singen oder irgendein anderes Wort, das dir heilig ist. Es heißt, *Om* sei der Klang, aus dem das Universum erschaffen wurde. Wenn wir singen, schwingen unsere Körper mit dem Klang unserer Stimmen mit, was unsere energetischen Muster verändert. Wenn du besonders niedergeschlagen bist, sing ein paar Minuten lang ohne Unterbrechung das Wort Liebe, und du wirst feststellen, dass es dir viel besser geht. Nachdem du gesungen hast, bitte Israfil um Hilfe. Du kannst auch dein Anliegen singen.

ÜBER ISRAFIL
Israfil ist der Engel, der die Musik der himmlischen Sphären zu uns bringt und am Tag des Jüngsten Gerichts die Trompete bläst. Der arabischen Überlieferung zufolge verbrachte Israfil drei Jahre bei Mohammed und führte ihn in seine Aufgaben als Prophet ein. Israfil bedeutet „der Brennende", denn er hilft den Menschen dabei, ihre einschränkenden Gedanken und die Folgen ihrer alten Verhaltensweisen zu verbrennen. Er liebt alle Menschen so sehr, dass seine Tränen, die er vor Kummer über unser unnötiges Leiden vergießt, die Erde überschwemmen würden, wenn Allah sie nicht eindämmte.

Israfil ermutigt uns zu singen und Lieder zu schreiben. Seine himmlische Stimme hüllt den, der sie hört, in Liebe ein, und verjüngt Körper, Geist und Seele. Er inspiriert die Menschen zum Singen und dazu, etwas zu tun, das ihre Stimmung hebt. Israfil wird dein Herz mit einem tiefen Gefühl der Dankbarkeit erfüllen und dir erkennen helfen, welch ein Wunder das Geschenk des Lebens ist.

RAZIEL

VERBUNDENER GLAUBE
Judentum

RAZIEL HILFT DIR
- großartige Ideen zu entwickeln
- deine innere Weisheit zu erschließen
- ein neues Heim oder einen tollen Job zu finden
- dich mit dem Geist zu verbinden
- alle einschränkenden Verhaltensweisen abzulegen

ANRUFUNG
An Raziel kannst du dich am leichtesten wenden, indem du eine gelbe Kerze entzündest und sagst: „Raziel, mein Wohltäter und Beschützer, bitte hilf mir jetzt. Hilf mir, das Leben durch deine Augen zu sehen und die richtigen Entscheidungen zu treffen. Führe und geleite meine Schritte, öffne meinen Verstand und mein Herz deiner unfassbaren Weisheit und Liebe. Ich danke dir für die Wunder, die sich bald ereignen werden." Wenn Raziel sich nähert, wird sich dein Atem beschleunigen, und du wirst ein tiefes Wohlbefinden verspüren.

ÜBER RAZIEL
Der Engel Raziel ist ein Mittler zwischen Gott und der Schöpfung, er ist also mit allem und jedem verbunden. Von seiner hochgewachsenen Gestalt geht eine wunderschöne gelbe Aura aus. Er hat große hellblaue Flügel und trägt ein magisches graues Gewand, das aussieht wie eine ihn umspielende Flüssigkeit. Raziel ist der Bewahrer der geheimen Weisheit und des göttlichen Wissens, der Ursprünglichkeit und des reinen Gedankens.

Es heißt, Raziel sei der Verfasser des „Buchs des Raziel", das angeblich alle Geheimnisse des Universums beinhaltet. Der Legende nach gab Raziel Adam das Buch im Garten Eden, bevor dieser daraus verbannt wurde. Wegen seiner Fürsorge für Adam und seiner Sorge um ihn gilt Raziel als besonderer Beschützer der Menschen. Er ist ein Gesandter des himmlischen Königreichs. Raziel wird dir zeigen, wie du mit dem natürlichen Ablauf von Ebbe und Flut, der im Universum herrscht, in Gleichklang kommst, damit du deine tiefsten Wünsche verwirklichen und den Zauber nutzen kannst, der jedem menschlichen Wesen innewohnt.

HEILIGE

Der Prozess der Heiligsprechung in der katholischen Kirche wird auch Kanonisierung genannt. Zuerst muss der lokal zuständige Bischof das Leben der in Frage kommenden Person untersuchen. Wenn sie für würdig erachtet wird, ist der nächste Schritt die Seligsprechung. Um seliggesprochen zu werden, muss ein Kandidat oder eine Kandidatin ein Martyrium durchlitten haben, eine außergewöhnliche Tugendhaftigkeit gezeigt haben oder für mindestens ein Wunder verantwortlich sein. Um heiliggesprochen zu werden findet nach der Seligsprechung ein ähnliches kirchenrechtliches Verfahren statt.

Heilige sind eine wunderbare Erinnerung daran, was möglich ist. Sie sind normale menschliche Wesen, die ihre Zeit dazu genutzt haben, eine tiefe Verbindung zu Gott zu entwickeln. Dank dieser Verbindung waren sie imstande, Wunder zu vollbringen.

Welche Wunder sollen sie für dich in deinem Leben bewirken?

NIKOLAUS VON MYRA

DER HEILIGE NIKOLAUS HILFT DIR

- deinen Kindern Sicherheit und Schutz zu bieten
- wohlbehalten zu reisen
- dein Herz zu öffnen
- eine perfekte Hochzeit auszurichten
- in der Küche beim Backen

ANRUFUNG

Der heilige Nikolaus ist eine großzügige, gutherzige Seele, die jedem Bedürftigen hilft. Schon seit langem werden Kiefern und die Farbe grün mit ihm assoziiert. Wenn du seine Unterstützung benötigst, entzünde eine grüne Kerze und versprenge ein wenig Kiefernnadelöl. Bitte um seine Hilfe und öffne dein Herz. Sei nicht überrascht, wenn er dir nahelegt, zu geben, um etwas zu bekommen.

ÜBER NIKOLAUS VON MYRA

Der in Lykien, einer Region in der heutigen Türkei, geborene Nikolaus war Bischof von Myra. Als der römische Kaiser Diokletian im Jahr 310 Christen verhaften ließ, wurde auch Nikolaus gefangen genommen. Im Jahr 324, als Konstantin der Große römischer Kaiser wurde, ließ man ihn wieder frei. Nikolaus war bekannt für sein selbstloses Wesen, seine Frömmigkeit und Wundertaten. Er ist sehr beliebt und gilt als Beschützer und Retter der Bedürftigen. Eine Geschichte erzählt von einem verarmten Mann mit drei Töchtern. Ohne angemessene Mitgift hätten diese Frauen keinen Ehemann gefunden und wären gewiss in die Sklaverei verkauft worden. In drei aufeinanderfolgenden Nächten wurde durch ein offenes Fenster Gold in ihr Haus geworfen. In einigen Versionen der Überlieferung fiel das Gold in Strümpfe, die zum Trocknen am Kamin hingen. So entstand der Brauch, dass Kinder Socken aufhängen, die der heilige Nikolaus mit Geschenken füllen soll. Nach seinem Tod wurde Nikolaus in Myra beerdigt. Seine Knochen sonderten unaufhörlich ein wohlriechendes Öl ab. Nur viermal war dieser Prozess unterbrochen: als sein Nachfolger aus dem Amt getrieben wurde, als Nikolaus' sterbliche Überreste nach Bari in Italien geschafft wurden, während des Ersten Weltkriegs und in den 1950er-Jahren, als die Basilika in Bari restauriert wurde.

CHRISTOPHORUS

DER HEILIGE CHRISTOPHORUS HILFT DIR

- Unfälle zu vermeiden und Todesgefahren zu entgehen
- gefahrlos zu reisen
- keine Albträume mehr zu haben
- vor einem plötzlichen Tod oder der Pest gefeit zu sein

ANRUFUNG

Traditionell tragen Menschen auf Reisen Christophorus-Medaillen bei sich.
Du kannst ein einfaches Gebet sprechen, wie: „Heiliger Christophorus, bitte
beschütze mich." Sobald du seinen Namen rufst, wirst du dich befreit fühlen.

ÜBER CHRISTOPHORUS

Der heilige Christophorus lebte als Einsiedler am Ufer eines reißenden Flusses.
Eines Tages wurde er von einem kleinen Kind geweckt, das ihn darum bat, auf
die andere Seite des Flusses getragen zu werden. Als Christophorus dies tat,
wurde das Kind schwerer und schwerer, bis Christophorus um sein eigenes
Leben bangte. Auf entsprechende Nachfrage antwortete das Kind, es sei das
Christuskind und beladen mit dem Gewicht der Sünden in der Welt. Auf der
anderen Seite des Flusses sagte es zu Christophorus, dass er seinen Stock in den
Boden stecken solle und mit Blumen und Früchten entlohnt werden würde. Am
nächsten Tag hatte sich sein Stab in einen wunderschönen Baum verwandelt.

Nach diesem Ereignis ging Christophorus in die heutige Türkei, wo er Tausende
zum Christentum bekehrte. Der König war erzürnt, weil Christophorus die Ritter
bekehrt hatte, die er ausgesandt hatte, ihn zu ergreifen. Als der König 40 Bogen-
schützen auf ihn schießen ließ, machten ihre Pfeile mitten im Fluge halt. Ein
Pfeil kehrte um und blendete den König. Christophorus sagte ihm, er werde sein
Sehvermögen zurückerhalten, wenn er seine Augen nach Christophorus' Tod mit
dessen Blut wasche. Der König ließ Christophorus enthaupten, tat wie geheißen
und erhielt sein Augenlicht zurück. In diesem Wunder gründet der Glaube, dass
man vor Unglück gefeit ist, wenn man ein Bildnis des Christophorus ansieht.

AGNES VON ASSISI

DIE HEILIGE AGNES HILFT DIR

- deutlicher zu sehen – faktisch und in spiritueller Hinsicht
- Vegetarier zu werden
- ein gebrochenes Herz zu heilen
- dich mit deinem Geist zu verbinden
- ein Wunder zu erfahren

ANRUFUNG

Eine Methode, wie du Agnes um Hilfe bitten kannst, ist das Anzünden einer rosafarbenen, nach Rosen duftenden Kerze. Atme ein paarmal tief und langsam ein, um dich zu sammeln. Dann versenke dich in die Stille in deinem Innern und rufe Agnes an. Sitze schweigend da, bis du ihre Anwesenheit spürst.

ÜBER AGNES VON ASSISI

Die 1197 geborene Agnes war die geliebte Tochter eines wohlhabenden Grafen. Die von Franz von Assisi begeisterte Agnes trat dem Kloster des Heiligen Angelus bei. Ihr wütender Vater schickte ihr seinen Bruder mit einer Gruppe von Verwandten nach, um sie zurückzuholen. Als Agnes' Onkel sein Schwert gegen sie erhob, versagte ihm sein Arm den Dienst. Als man versuchte, sie aus dem Kloster zu zerren, wurde sie so schwer, dass man sie nicht bewegen konnte. Da begriff ihre Familie endlich, dass sie unter Gottes Schutz stand, und man erlaubte ihr zu bleiben. Agnes' unerschütterlicher Glaube und ihre tiefe Liebe zu Gott werden dich dazu inspirieren, in deinem eigenen Leben Größe zu zeigen.

Wenn Agnes betete, begann ihr Gesicht angeblich zu strahlen. Agnes lief im Kloster ohne Schuhe umher, sie aß kein Fleisch, nahm kein Geld an und hüllte sich in kontemplatives Schweigen. Schließlich wurde sie Äbtissin. Wegen ihrer Herzensgüte, ihres Großmuts und ihrer respektvollen Art wurde sie von allen geliebt. Agnes half den Armen und gründete mehrere Klostergemeinschaften. An ihrem Grab haben sich Berichten zufolge viele Wunder ereignet. Wenn Agnes erscheint, ist sie häufig in goldenes Licht getaucht und von Rosenduft umgeben.

MARGARETA VON ANTIOCHIA

DIE HEILIGE MARGARETA HILFT DIR

- einem frühzeitigen Tod vorzubeugen
- deine Fruchtbarkeit zu steigern und die Entbindung zu erleichtern
- von Nierenleiden zu genesen
- zu Unrecht beschuldigten Menschen Gerechtigkeit widerfahren zu lassen

ANRUFUNG

Die heilige Margareta steht in enger Verbindung zur Jungfrau Maria. Wenn du sie anrufst, wirst du wahrscheinlich den Duft von Rosen wahrnehmen. Um sie um Unterstützung zu bitten, schließ deine Augen und stell dir vor, wie du in einem wunderschönen Garten sitzt und dich mit ihr unterhältst. Sie wird dir immer helfen, wenn dein Anliegen aufrichtig ist.

ÜBER MARGARETA VON ANTIOCHIA

Margaretas Vater war ein bedeutender heidnischer Priester. Da ihre Mutter kurz nach der Geburt starb, wurde Margareta von einer Amme großgezogen, einer frommen Christin. Als sie sich dem Christentum zuwandte, wurde sie von ihrem Vater verstoßen. Der römische Präfekt Olybrius wurde auf sie aufmerksam, als sie eines Tages auf einem Weideplatz Schafe hütete. Er wollte sie zu seiner Konkubine machen, sie aber wies seine Annäherungsversuche zurück, und so ließ er sie in Antiochia vor Gericht stellen. Olybrius drohte Margareta an, dass sie, sollte sie ihrem Glauben nicht abschwören, gefoltert und getötet werden würde. Sie weigerte sich. Man versuchte, sie zu verbrennen, doch die Flammen konnten ihrem Körper nichts anhaben. Dann fesselte man sie an Händen und Füßen und warf sie in einen Kessel mit kochendem Wasser. Margareta betete, ihre Fesseln lösten sich und sie erhob sich unversehrt. Schließlich ließ der Präfekt sie enthaupten. Ihre Gebete und der Frieden, den sie während des Gerichtsprozesses ausstrahlte, rührte die Zuschauer zutiefst. Ihr Glaube und ihre Liebe werden dein Herz, deinen Verstand und deine Seele berühren.

BERNADETTE SOUBIROUS

DIE HEILIGE BERNADETTE HILFT DIR

- Vergebung zu erlangen
- Hindernisse zu überwinden
- schwanger zu werden
- emotional, spirituell und physisch zu gesunden
- dich mit deiner Göttlichkeit zu verbinden

ANRUFUNG

Wenn du dich an Bernadette wendest, wird sie dein Anliegen unmittelbar der Jungfrau Maria zutragen. Du kannst Bernadette um ihre Unterstützung bitten, indem du Rosenblütenblätter in eine hübsche, mit Wasser befüllte Schale streust. Schreibe deine Bitte auf ein Blatt Papier und lege es unter die Schale. Ist Bernadette zugegen, kann man häufig den Duft von Rosen wahrnehmen.

ÜBER BERNADETTE SOUBIROUS

Marie Bernarde Soubirous wurde 1844 in Lourdes, Frankreich, geboren. Sie war ein kränkliches Kind, eine schlechte Schülerin und hatte Mühe mit dem Lernen. Im Alter von 14 Jahren hatte sie die erste von insgesamt 18 Visionen. Sie sah ein hell leuchtendes weißes Licht und eine kleine Frau, die sie aufforderte, mit ihr zu beten. Bernadette holte ihren Rosenkranz hervor und zusammen beteten sie in Bernadettes Dialekt. Die Frau wies sie an, 15 Tage lang täglich an den Ort zurückzukommen. Bernadette sagte, die Frau habe einen weißen Schleier mit blauer Schärpe getragen, eine goldene Rose auf jedem Fuß gehabt und einen langen Rosenkranz gehalten. Bernadette erhielt von der Frau persönliche Botschaften und solche, die für die Welt bestimmt waren. Die Jungfrau Maria gab sich erst bei der 17. Vision zu erkennen. Am 25. Februar 1858 forderte sie Bernadette auf, von einer Quelle zu trinken. Bernadette begann zu graben. Am nächsten Tag sprudelte an dieser Stelle eine Quelle. Sie ist zur Stätte zahlloser Wunderheilungen geworden. Lourdes wurde zu einer der meistbesuchten Pilgerstätten der Welt. Die Quelle sprudelt noch immer. Ihr werden Millionen von Wundern zugeschrieben. Die katholische Kirche verzeichnet die Heilungen und veröffentlicht in regelmäßigen Abständen die denkwürdigsten.

PATER PIO

DER HEILIGE PIO HILFT DIR

- von jeglicher Krankheit zu genesen und dabei, dass alle Wunden heilen
- solide Beziehungen zu führen
- Verbindung zu geliebten Personen herzustellen (ob tot oder lebendig)
- die Verbindung zu deiner Spiritualität zu verstärken
- zu vergeben
- die Präsenz von Engeln und spirituellen Führern wahrzunehmen
- weise Entscheidungen zu treffen und deine Wahrnehmung zu schärfen

ANRUFUNG

Wenn du Pios Beistand wünschst, lege eine Rose zu Füßen eines einfachen Kreuzes. Jeglichem mit offenem Herzen und der Bereitschaft zur Vergebung vorgebrachte Ersuchen wird gütig stattgegeben werden. Pater Pio ist ein Meister darin, dir zu helfen, die wahre Natur deiner Herausforderungen zu erkennen. Er ist ein wahrer Wundertäter und Du kannst dich häufig an ihn wenden.

ÜBER PATER PIO

Der 1887 geborene Francesco Forgione äußerte schon in jungen Jahren den Wunsch, Priester zu werden. 1918 zeigten sich, während er vor einem großen Kruzifix betete, an seinem Körper die Wundmale Christi. Seine Tuberkulose war geheilt, doch die Stigmata trug er für den Rest seines Lebens. Angeblich verströmten sie Rosenduft.

Pater Pio besaß viele spirituelle Gaben, darunter die der Prophetie, des Heilens, der Bilokation, des Wunderwirkens, der Levitation und des Wahrnehmens von Geistern. Er kam ohne Schlaf und Nahrung aus, beherrschte Sprachen, die er nie gelernt hatte, und konnte Nahrung und Getränke vermehren. Angeblich erschien er in Beichtstühlen überall auf der Welt, wobei seine unsichtbare Präsenz durch Rosenduft gekennzeichnet war. Er brachte Menschen bei, die Ursachen ihrer Probleme zu ergründen, und forderte sie auf, sich und anderen zu vergeben.

Pater Pio starb 1968. Er hatte oft versprochen: „Nach meinem Tode werde ich mehr tun. Meine eigentliche Mission wird nach meinem Tod beginnen." Die Stigmata verschwanden unmittelbar nach seinem Tod.

FRANZ VON ASSISI

DER HEILIGE FRANZ HILFT DIR

- Tiere zu heilen
- dein Herz mit Dankbarkeit und Liebe zu erfüllen
- deine Glückseligkeit zu finden und nach ihr zu leben
- dein Heim zu schützen
- in allem Gottes Präsenz zu fühlen

GEBET DES HEILIGEN FRANZ

„Herr, mach mich zu einem Werkzeug deines Friedens, / dass ich liebe, wo man hasst; / dass ich verzeihe, wo man beleidigt; / dass ich verbinde, wo Streit ist; / dass ich die Wahrheit sage, wo Irrtum ist; / dass ich Glauben bringe, wo Zweifel droht; / dass ich Hoffnung wecke, wo Verzweiflung quält; / dass ich Licht entzünde, wo Finsternis regiert; / dass ich Freude bringe, wo der Kummer wohnt. / Herr, lass mich trachten, / nicht, dass ich getröstet werde, sondern dass ich tröste; / nicht, dass ich verstanden werde, sondern dass ich verstehe; / nicht, dass ich geliebt werde, sondern dass ich liebe. / Denn wer sich hingibt, der empfängt; / wer sich selbst vergisst, der findet; / wer verzeiht, dem wird verziehen; / und wer stirbt, der erwacht zum ewigen Leben."

ÜBER FRANZ VON ASSISI

Der 1181 als Sohn eines reichen Tuchhändlers geborenen Franz hatte der Überlieferung zufolge um das Jahr 1205 beim Beten eine Vision: Jesus Christus forderte ihn auf, ihm zu dienen. Franz verzichtete fortan auf seinen Wohlstand, trug eine Kutte aus grobem Stoff, bettelte um Nahrung und diente den Armen. Er war dafür bekannt, von Tieren umgeben zu leben, um die er sich liebevoll kümmerte und die er heilte. Er predigte Reinheit und Frieden und glaubte daran, dass alle Menschen seine Brüder und Schwestern waren. Franz besuchte Krankenhäuser, wusch Aussätzige und behandelte Kranke. 1209 gründete er mit dem Segen des Papstes den Franziskanerorden. 1224 zeigten sich bei ihm Anzeichen von Stigmata, die er bis zu seinem Tod verheimlichte. Er war auch dafür bekannt, Speisen zu vermehren und das Wetter beeinflussen zu können. Franz wurde nie ordiniert, da er sich nicht für würdig hielt, doch die Heilsbotschaft von Güte und Liebe, die er verkörperte, verbreitete sich bald in ganz Europa.

ANNA

DIE HEILIGE ANNA HILFT DIR

- Beziehungen zu heilen und von körperlichen Leiden zu gesunden
- Entscheidungen zu treffen
- dich geliebt und unterstützt zu fühlen
- ein Kind zu empfangen oder zu adoptieren
- Stress abzubauen

ANRUFUNG

Annas Symbol ist die Rose. Um ihre Unterstützung zu erhalten, entzünde eine rosafarbene oder rote Kerze und bitte sie um ihre Hilfe. Wenn sie in der Nähe ist, wirst du häufig Rosenduft wahrnehmen und rote oder rosafarbene Blitze sehen.

ÜBER ANNA

Die heilige Anna ist die Mutter Marias und die Großmutter Jesu. Viele Jahre lang konnte sie keine Kinder empfangen und ging oft in ihren Garten, um darum zu beten, schwanger zu werden. Schließlich kam ein Engel zu ihr und kündigte ihr an, sie werde ein Kind bekommen. Sie war so überglücklich, dass sie dem Engel versprach, das Kind dem Dienste Gottes zu weihen. Anna war eine äußerst liebevolle Mutter und ist als Heilerin und für ihre Wundertaten bekannt. Sie ist eine große Prophetin und liebevolle Ratgeberin. Im Jahr 1650 geriet eine Gruppe von Seeleuten vor der Küste von Quebec in ein heftiges Unwetter. Sie beteten zur heiligen Anna und versprachen, ihr zu Ehren einen Schrein zu errichten, wenn sie mit dem Leben davonkamen. Das Schiff überstand den Sturm, die Seeleute überlebten, und so bauten sie bei Beaupré einen Schrein. Dieser Schrein zieht jedes Jahr rund eine halbe Million Besucher an und ist berühmt für die vielen Krücken, die von Leuten, die sie nicht mehr benötigen, zurückgelassen wurden.

Anna ist eine schöne und anmutige Frau, die mit gefühlvoller Stimme spricht. Ihr Lachen wird dein Herz berühren. Wenn du dich an sie wendest, wirst du sofort spüren, wie ihre Liebe dich umfängt. Anna kann in die Zukunft sehen und wird dir helfen, Entscheidungen zu treffen, die dein Leben bereichern.

GREGOR DER WUNDERTÄTER

DER HEILIGE GREGOR HILFT DIR

- Streitigkeiten friedlich beizulegen
- bei Erdbeben sicher zu sein
- Überschwemmungen zu entgehen
- in die Zukunft zu sehen, sodass du richtige Entscheidungen treffen kannst
- bei der Erfüllung deiner Träume

ANRUFUNG

Finde einen ruhigen Ort in der Natur, an dem du Gregor um Unterstützung bitten kannst. Du kannst aus Zweigen und Steinen einen Altar errichten oder aber einen Baum oder ein paar Blumen pflanzen. Wenn sie wachsen, weißt du, dass Gregor über dich wacht, dich leitet und dir dabei hilft, deine Träume zu verwirklichen.

ÜBER GREGOR DEN WUNDERTÄTER

Gregor wurde im Jahr 213 in eine angesehene heidnische Familie hineingeboren und Theodor genannt. Mit dem Christentum kam er im Alter von 14 Jahren in Berührung. Mit etwa 20 reiste nach Beirut, um dort gemeinsam mit seinem Bruder Jura zu studieren. In Palästina traf er den berühmten Priester Origenes und beschloss, sich der Theologie zu widmen. Origenes ließ seine Studenten die großen Philosophen studieren, einschließlich der heidnischen Lehrer. Theodor wurde getauft und erhielt den christlichen Namen Gregor. Im Jahr 238 kehrte er in seine Heimatstadt Neocäsarea zurück, wo er zum Bischof berufen wurde. Um diese Zeit hatte er seine erste überlieferte Vision, in der ihm der heilige Johannes und die Jungfrau Maria erschienen. Maria wies ihn an, die Offenbarungen aufzuzeichnen und sie mit seiner Kirche zu teilen.

Aus diesen Visionen schöpfte Gregor großen Trost und tiefe Inspiration. Indem er den Heiligen Geist zur Zusammenarbeit anrief, konnte Gregor böse Geister vertreiben, den Lauf von Flüssen ändern und sogar einen See austrocknen, der Ursache eines Streits zwischen zwei Brüdern war. Seine Fähigkeit, in die Zukunft zu sehen, war besonders ausgeprägt und mit jener der Propheten aus der Bibel vergleichbar. Gregor wurde als der „Wundertäter" bekannt und bekehrte durch seine Taten und mit seiner liebevollen Weisheit viele Menschen zum Christentum.

JOHANNES VOM KREUZ

DER HEILIGE JOHANNES HILFT DIR

- in deinem Glauben an Wunder
- mystische Erfahrungen zu machen
- das Leben in seiner Gesamtheit anzunehmen
- die Vollkommenheit in der gesamten Schöpfung zu erkennen
- dir selbst und anderen zu vergeben

ANRUFUNG

Um den heiligen Johannes um seine Unterstützung zu bitten, sprich ein einfaches Gebet und beschreibe dein Problem. Öffne dein Herz und bitte um seine Hilfe. Er gemahnt uns ständig daran, dass alles möglich ist; du kannst ihn also oft in Anspruch nehmen. Häufig wirkt er durch andere Menschen, achte deshalb auf unerwartete Hilfe von Fremden.

ÜBER JOHANNES VOM KREUZ

Der 1542 geborene Johannes war ein spanischer Mystiker. Im Alter von 14 Jahren begann er in einem Spital zu arbeiten, wo er sich um unheilbare Patienten und Geisteskranke kümmerte. Er lernte, in allem Gottes Schönheit wahrzunehmen.

Wegen seiner Reformbemühungen innerhalb des Karmeliterordens wurde er eingekerkert und regelmäßig misshandelt. Nach neun Monaten konnte er fliehen. Er nahm nur die Gedichte mit, die er verfasst hatte. Sein restliches Leben verbrachte Johannes damit, seine Erfahrung von Gottes Liebe mit anderen zu teilen. Er schrieb viele Bücher voller praktischer Ratschläge zu spirituellem Wachstum. Er sagte: „Wo es keine Liebe gibt, bringe Liebe hin – und du wirst Liebe finden." Beim vielleicht bekanntesten der vielen Wunder, die man Johannes zuspricht, stürzten die Wände seiner Gefängniszelle ein, als das Kloster instand gesetzt wurde. Als die Trümmer beiseitegeräumt waren, fand man ihn unversehrt in einer Ecke stehen. Er sagte, die Jungfrau Maria habe ihn geschützt. Außerdem wurde berichtet, dass er beim Beten frei schwebte. Als sein Leichnam 1955 exhumiert wurde, war er noch immer in makellosem Zustand.

CÄCILIA VON ROM

DIE HEILIGE CECILIA HILFT DIR

- im Singen besser zu werden
- Musik zu komponieren
- bei allen musikalischen Unterfangen Erfolg zu haben
- deinen Glauben zu vertiefen
- dich sicher und geliebt zu fühlen, was auch immer um dich herum geschieht

ANRUFUNG

Um dich an Cäcilia zu wenden, entzünde eine nach Rosen duftende Kerze und flüstere ihren Namen. Hast du einen Altar, stell einen Strauß Rosen oder Lilien darauf, schreibe dein Anliegen auf ein Blatt Papier und lege es neben die Vase.

ÜBER CÄCILIA VON ROM

Cäcilia wurde im zweiten oder dritten Jahrhundert in Rom geboren. Als junges Mädchen beschloss sie, Jungfrau zu bleiben und ihr Leben Gott zu widmen. Ihre Eltern arrangierten eine Hochzeit für sie. Cäcilia erklärte ihrem frischgebackenen Ehemann, ein Engel wache über sie. Sollte die Ehe vollzogen werden, müsse ihr Mann dafür büßen, doch wenn er sich taufen ließe, werde ihm gestattet, den Engel zu sehen. Als ihr Ehemann von der Taufe zurückkam, fand er Cäcilia betend mit einem Engel an ihrer Seite vor. Die Flügel des Engels sahen aus wie lodernde Flammen, und er trug zwei Kronen, eine aus Lilien und eine aus Rosen. Der Engel gewährte Cäcilias Ehemann einen Wunsch. Er wünschte sich, dass sein Bruder getauft wird, und so geschah es. Die beiden Brüder widmeten ihr Leben dem Beerdigen der Märtyrer, die täglich in der Stadt getötet wurden. Man verlangte von Cäcilia, ihrem Glauben abzuschwören, doch sie weigerte sich. Daraufhin sollte sie in kochendem Wasser zu Tode gebracht werden, was misslang. Der Versuch, sie zu enthaupten, scheiterte. Sie lebte noch drei Tage weiter. Mit ihrem Glauben und ihren Worten bekehrte sie hunderte von Heiden. Ihre Stimme war so schön, dass man sagte, sie könne die Vögel aus den Bäumen hervorlocken. 1599 fand man ihren Leichnam; Körper und Kleidung waren unversehrt.

ANTONIUS VON PADUA

DER HEILIGE ANTONIUS HILFT DIR

· verlorene Gegenstände, Haustiere und vermisste Personen wiederzufinden
· dich daran zu erinnern, wer du wirklich bist
· dich mit dem Göttlichen in dir zu verbinden
· eine Schwangerschaft angenehm verlaufen zu lassen
· sicher zu reisen

ANRUFUNG

Antonius besitzt ein liebendes Herz und hat sich ganz dem Helfen verschrieben. Stehe ruhig da, schließe deine Augen und rufe mehrmals seinen Namen. Bring dein Anliegen vor und bitte um seine Hilfe. Solltest du eine sanfte Brise spüren oder das Gefühl von Wärme haben, sind dies Zeichen seiner Gegenwart.

ÜBER ANTONIUS VON PADUA

Antonius ist ein bei vielen Katholiken beliebter Heiliger. Als gewandter Redner erweckte Antonius tiefe Liebe in den Herzen seiner Zuhörer. Er betete ohne Unterlass und zog mit seiner Fähigkeit, andere mit seinen Worten zu beeindrucken, enorme Menschenmassen an. Von der Kanzel inspirierte er tausende von Menschen und war ein Fürsprecher der Armen, Gefangenen, Entrechteten und Schuldner. Er war für seine Wundertaten bekannt. Man erzählt sich, er habe einmal das Feld eines Bauern, das von den Massen zertrampelt worden war, auf wundersame Weise wiederhergestellt.

Nach seinem Tod im Jahr 1231 erschien er dem Abt Vercelli, der daraufhin Antonius' Dahinscheiden bekanntgab. Als Antonius' Leichnam 300 Jahre nach seinem Tod umgebettet wurde, war seine Zunge vollständig erhalten und noch immer rot. Man glaubt, dass dies an der Reinheit seiner Lehren lag. Antonius ist dafür bekannt, verlorene Gegenstände und Vermisste wiederzufinden.

In einer Vision sah sich Antonius in völliger Verzückung mit dem Jesuskind auf dem Arm. Seine Attribute sind neben dem Jesuskind die für Reinheit stehende Lilie und ein Buch als Symbol seiner Weisheit.

TERESA VON ÁVILA

DIE HEILIGE TERESA HILFT DIR

- dich von Kopfschmerzen zu befreien
- die Verbindung zu deiner Spiritualität zu verstärken
- Herzinfarkten vorzubeugen
- dein gebrochenes Herz zu heilen

ANRUFUNG

Wenn du die Hilfe der heiligen Theresa in Anspruch nehmen möchtest, sprich
ein stilles Gebet. Sie wird dir in allen Bereichen deines Lebens helfen, wenn du
lernst, wie du passive, in Gedanken gesprochene Gebete nutzen kannst.

ÜBER TERESA VON ÁVILA

Theresa wurde im Jahr 1515 in eine wohlhabende Familie hineingeboren, von
der sie im Alter von 16 in ein Kloster geschickt wurde. Zuerst hasste sie es, doch
irgendwann beschloss sie zu bleiben, da sie gesehen hatte, wie schlecht es ihrer
Mutter in der Ehe ergangen war. Theresa hielt sich der Liebe Gottes für nicht
würdig. Obwohl sie nicht gern betete, tat sie es häufig. Irgendwann wurde sie
krank und war gelähmt. Einmal hob man sogar ein Grab für sie aus und gab ihr
die Sterbesakramente. Durch tägliche innere Gebete konnte sie sich heilen.

Theresa entwickelte eine intensive und bereichernde Beziehung zu Gott. Sie
hatte Visionen, und schöpfte Inspiration aus ihrer tiefen Verzückung. Theresa
beschrieb das innere Beten als vierstufigen Prozess. Die erste Stufe ist leicht:
Meditiere einfach. Die zweite Stufe besteht aus dem Beruhigen des Verstands,
damit die Seele bereit ist, sich führen zu lassen. Auf der dritten Stufe öffnest
du dich, um mit Gott Kontakt aufzunehmen. Mach dir keinen Stress, gib dich
einfach dem Prozess hin. Die vierte Stufe ist die absolute Hingabe der Ekstase.
Du musst nur offen und empfänglich bleiben für Gottes Weisheit, seine Leitung
und Gaben.

Im Gebet soll Theresa gewirkt haben wie in Trance. Wenn sie wieder zu sich
kam, war sie oft in Freudentränen aufgelöst. Wie viele andere Heilige ver-
strömte auch sie nach ihrem Tod einen lieblichen Duft, und ihr Körper blieb
noch viele Jahre unbeschadet.

BRIGIDA VON KILDARE

DIE HEILIGE BRIGIDA HILFT DIR

- dein Heim zu segnen
- deine Liebesfähigkeit zu verbessern
- deinen Wohlstand zu mehren
- schwanger zu werden
- ein krankes Kind zu heilen
- Augenprobleme und nicht heilen wollende Wunden zu kurieren

ANRUFUNG

Entzünde eine gelbe Kerze und rufe Brigidas Namen. Erkläre ihr, wobei sie dir helfen soll. Sie empfindet eine große Liebe für alle Menschen; wenn du sie in dein Leben einlädst, darfst du Wundertaten voller Liebe erwarten.

ÜBER BRIGIDA VON KILDARE

Die um das Jahr 450 geborene Brigida ist eine in Irland hochverehrte Heilige. Es heißt, sie sei eigentlich eine keltische Göttin gewesen, die zur Heiligen erklärt worden sei, um die Kelten zum Christentum zu bekehren. Die halb als Prinzessin, halb als Sklavin geborene Brigida lebte bei ihrer Mutter, die an einen Druiden verkauft worden war. Schon in jungen Jahren war Brigida Gott treu ergeben. Nachdem sie den heiligen Patrick hatte predigen hören, verschenkte sie alles, was sie besaß, an Bedürftige. Brigida war eine barmherzige Frau, die den Armen mit liebendem Herzen und Großmut half. Sie war so freigiebig, dass sie den Druiden verärgerte. Er versuchte sie hereinzulegen, indem er sie darum bat, ihm einen Korb Butter zu bringen, von dem er wusste, dass sie ihn bereits ver-schenkt hatte. Als sie ihm den Korb reichte, war dieser wie durch ein Wunder gefüllt. Der Druide war so beeindruckt, dass er ihrer Mutter die Freiheit schenkte.

Brigida wird als schöne Frau dargestellt. Ihr Symbol ist ein aus Binsen geflochtenes Kreuz. Sie setzte sich für die Armen ein und unterstützte sie in wirtschaftlicher Hinsicht, heilte Kranke, half besorgten Müttern und segnete die Wiegen von Neugeborenen. Brigida berührt die Herzen aller, die sich an sie wenden.

AGATHA VON CATANIA

DIE HEILIGE AGATHA HILFT DIR

- durch sexuelle Übergriffe hervorgerufene Traumata zu überwinden
- Brände zu vermeiden
- Naturkatastrophen sicher zu überstehen
- für Folteropfer einzutreten
- von Brusterkrankungen zu genesen
- bei stürmischem Wetter Unterschlupf zu finden

ANRUFUNG

Die heilige Agatha zeichnet sich durch ihr Mitgefühl aus. Sie wird dir helfen, dein Herz zu öffnen und anderen zu vergeben, damit du dich vom Schmerz der Vergangenheit befreien kannst. Entzünde eine weiße Kerze und sprich ein einfaches Gebet; du kannst dir sicher sein, dass sie für dich da sein wird. Sie wird dir zeigen, wie du inmitten der Traumata des Lebens Frieden und Freude findest.

ÜBER AGATHA VON CATANIA

Agatha wurde im zweiten Jahrhundert in eine wohlhabende Familie hineingeboren. In dieser Zeit wurden Christen massiv verfolgt. Sie weigerte sich, einen römischen Statthalter zu heiraten, da sie sich in ihrer Jungfräulichkeit Christus geweiht hatte. Der Gerichtsbarkeit übergeben, ließ sie ihre Liebe zu Gott die Folter ertragen. Den Richter erzürnte ihre heitere Selbstbeherrschung so sehr, dass er ihr die Brüste zerquetschen und abschneiden ließ. In der darauffolgenden Nacht erschien ihr der heilige Petrus und heilte ihre Wunden. Daraufhin ließ der Richter sie mit heißen Kohlen und mit Tonscherben malträtieren. Sie betete um Erlösung von ihrer Qual, und die Erde begann heftig zu beben. Mit einem Ausdruck von Frieden im Gesicht starb sie.

Ihre Tapferkeit und Gottesliebe führten zu einem regelrechten Kult. An sie gerichtete Gebete sollen zur Heilung vieler Krankheiten geführt und den Ätna von Ausbrüchen abgehalten haben. Ihr wird zugeschrieben, die Invasion Maltas durch die Türken verhindert zu haben. Mittelalterliche und barocke Gemälde zeigen Agatha, wie sie ein Tablett trägt, auf dem Brote in Form von Brüsten liegen. Dadurch soll der Brauch entstanden sein, an einem Feiertag Brot zu segnen.

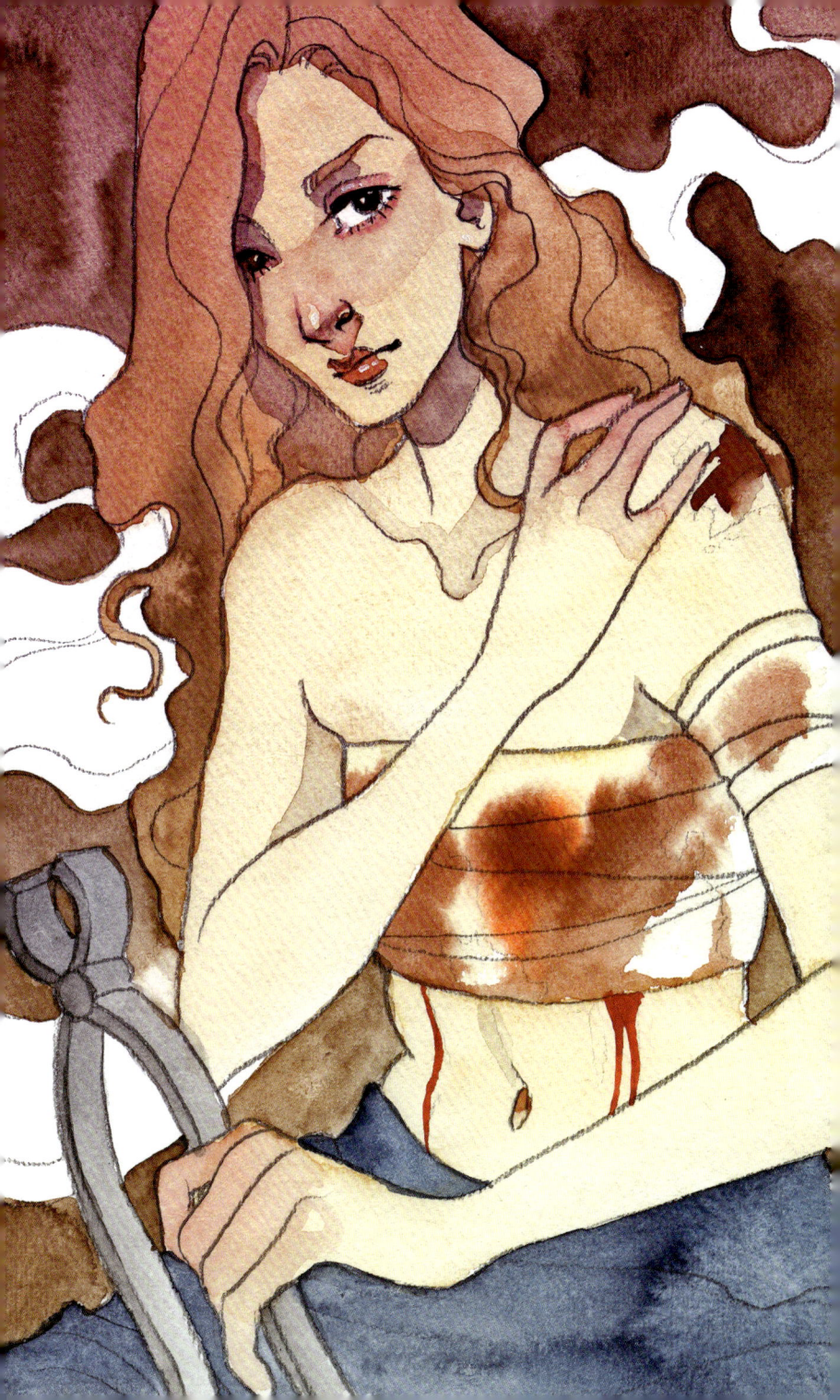

PATRICK VON IRLAND

DER HEILIGE PATRICK HILFT DIR

· Angst vor Schlangen zu überwinden
· mehr Sinn für Humor zu entwickeln
· Vorurteile und Ausgrenzung zu überwinden
· dein Leben, ein Zuhause, ein Gebäude oder eine Beziehung aufzubauen

ANRUFUNG

Entzünde eine smaragdgrüne Kerze und konzentriere dich auf dein Anliegen. Bitte den heiligen Patrick, dir den rechten Weg zu weisen, und dich mit seiner Weisheit und Liebe zu umfangen. Dann danke ihm für seine Hilfe. Du wirst verblüfft sein, welche Lösungswege sich dir auftun werden.

ÜBER PATRICK VON IRLAND

Der um das Jahr 389 geborene Patrick ist einer der beliebtesten Heiligen weltweit. Sein Vater war ein römischer Offizier der Kolonie Britannien. Im Alter von 14 Jahren wurde Patrick von irischen Menschenhändlern gefangengenommen. Er lernte die Sprache der Druiden und ihre Gebräuche. Während seiner Gefangenschaft wandte er sich im Gebet an Gott. Später schrieb er: „Meine Liebe zu Gott und meine Gottesfurcht wurden immer stärker, genauso wie mein Gottvertrauen; meine Seele war wachgerüttelt, sodass ich an einem einzigen Tag nicht weniger als einhundert Gebete sprach, und des Nachts beinahe genausoviele. Ich betete in den Wäldern und auf dem Berg, schon vor dem Morgengrauen."

Als er 20 war, hatte er einen Traum, der dazu führte, dass er nach Britannien zurückkehrte. Später brachte ihn ein anderer Traum dazu, wieder nach Irland zu gehen. Dort wurde Patrick dann Priester und später Bischof. Sein Symbol ist das Kleeblatt, da er es häufig dazu verwendete, die Heilige Dreifaltigkeit zu erläutern. Um Patrick ranken sich viele Legenden, und ihm werden viele Wunder zugeschrieben. Vor allem aber war er ein demütiger, gottesfürchtiger und sanftmütiger Mann. Seine Liebe, seine völlige Hingabe und sein Gottvertrauen bewirkten im Leben seiner Mitmenschen Wunder.

JOSEF VON COPERTINO

DER HEILIGE JOSEF HILFT DIR

· sicher zu reisen

· gesund zu werden

· bei deiner spirituellen Suche Erfolg zu haben

· entlaufene Haustiere wiederzufinden

ANRUFUNG

Um den heiligen Josef anzurufen, schau nach oben und rufe seinen Namen. Erkläre ihm dein Anliegen und du kannst dir sicher sein, dass er da sein wird. Wenn er zugegen ist, wirst du einen dezenten Duft wahrnehmen.

ÜBER JOSEF VON COPERTINO

Josef war ein Mystiker, Heiler und Hellseher, der dem Franziskanerorden angehörte. Sein Vater, ein armer Zimmermann, starb noch vor seiner Geburt im Jahr 1603. Josef kam mit deformierten Füßen zur Welt. Als Kind hatte er große Lernschwierigkeiten und ein hitziges Gemüt. Seine erste Vision hatte er mit acht Jahren. Mit 17 wollte er Mönch zu werden, wurde aber wegen seiner schlechten Bildung abgelehnt. Schließlich nahmen ihn die Franziskaner als Laienbruder auf. Nachdem er viele Jahre in den Ställen gearbeitet hatte, hatte sich sein Temperament beruhigt, und mit 25 wurde er zum Priester geweiht.

Seine Fähigkeit zur Levitation machte ihn berühmt. Er stieg hoch über die Köpfe der Menschen auf und schwebte. Oft flog er zu Altären und Heiligenstatuen. Über 70 seiner Schwebezustände wurden verzeichnet. Wegen des Andrangs der Massen, die sich versammelten, um zu sehen, wie er flog, wurde es Josef nicht mehr gestattet, die Messe zu lesen, und er musste auf seinem Zimmer bleiben. Während seiner letzten 35 Lebensjahre war er dort gewissermaßen gefangen. Man richtete ihm eine Kapelle ein, wo er für sich allein beten konnte.

Joseph besaß die Fähigkeit, an zwei Orten gleichzeitig zu erscheinen. Er konnte die Gedanken von Menschen lesen und in ihre Herzen sehen. Er konnte die Naturgewalten beeinflussen und mit Tieren kommunizieren. Alles, was Josef anrührte, war danach vom einem lieblichen Duft durchdrungen.

BIRGITTA VON SCHWEDEN

DIE HEILIGE BIRGITTA HILFT DIR
- vor Fehlgeburten gefeit zu sein
- Trost zu finden, wenn du eine nahestehende Person verloren hast
- mutig dem Wunsch deines Herzens zu folgen
- auf die Bestimmung deines Lebens hinzuarbeiten
- deine Träume zu deuten

ANRUFUNG
Um Brigitta anzurufen, bedarf es lediglich eines offenen Herzens und eines aufrichtigen Anliegens. Entzünde deine Lieblingsduftkerze und nimm dir ein paar Minuten Zeit, um ruhig zu werden und dich zu zentrieren, bevor du dich an sie wendest. Sprich ein Gebet und bitte sie um ihre Weisheit und Führung.

ÜBER BIRGITTA VON SCHWEDEN
Die im Jahr 1304 geborene Brigitta hatte schon im Kindesalter prophetische Träume und Visionen. Als sie 13 Jahre alt war, arrangierte ihr Vater ihre Hochzeit mit dem 18-jährigen Prinzen Ulf. Es war eine glückliche Ehe, in der sie acht Kinder bekam. Sie war Kammerfrau der Königin von Schweden. Da ihr die Lebensweise am Hof missfiel, versuchte sie das Königspaar erfolglos zum Ändern ihrer Gewohnheiten zu bringen. Nach mehreren Jahren erwirkte sie eine Freistellung und ging gemeinsam mit ihrem Ehemann auf Pilgerreise. In ihren Visionen wurde ihr aufgetragen, sich für eine Reform einzusetzen. Ihr Mann und sie trennten sich daraufhin, um ihr Leben in verschiedenen religiösen Orden in den Dienst Gottes zu stellen.

Ihre zunehmenden Visionen beunruhigten Brigitta und sie fürchtete, sie entsprängen ihrer eigenen Vorstellungskraft. Sie ersuchte den Domherren Matthias von Linköping um Rat. Er befand, dass ihre Visionen wahrhaftig von Gott kamen, woraufhin man sie auf Lateinisch festhielt. Die Kirche war seinerzeit in Aufruhr. Brigittas Visionen halfen dabei, das Pontifikat von Avignon in Südfrankreich zurück nach Rom zu bringen. Brigitta folgte den Botschaften aus ihren Visionen, gründete ein Kloster und unternahm viele Pilgerreisen, darunter eine ins Heilige Land.

AUFGESTIEGENE MEISTER UND LEHRMEISTER

Aufgestiegene Meister sind erleuchtete Menschen, die beschlossen haben, nach ihrem Aufstieg der Menschheit weiterhin zu dienen. Sie haben sich von einschränkenden Überzeugungen befreit und können das Leben in seiner Gesamtheit durch die Augen der Liebe betrachten.

Seelenführer sind Geistwesen, die bereit sind, als Führer zu fungieren. Sie ähneln den Schutzengeln und helfen bereitwillig, wenn du sie einfach darum bittest. Sie nehmen dir nicht die Arbeit ab, aber sie werden dir eine komplexere Sicht auf die Dinge eröffnen und dabei helfen, Entscheidungen zu treffen.

Lehrmeister sind Wesen, die es lieben, Menschen etwas beizubringen und ihnen dabei zu helfen, ihre einschränkenden Überzeugungen loszulassen. Wenn du sie um Orientierungshilfe bittest, unterstützen sie dich, den leichtesten und direktesten Weg zu finden, der dich dorthin führt, wohin du möchtest.

All diese Meister und Meisterinnen haben ihre eigene, einzigartige Persönlichkeit und ihr Spezialgebiet. Sobald du mit ihnen vertrauter bist, wirst du intuitiv wissen, wen du in einer bestimmten Situation um Hilfe bitten kannst. Welchen Bereich deines Lebens hättest du gern von ihrer Weisheit, ihrer Liebe und ihrem Licht erhellt?

MOSES

MOSES HILFT DIR

- deinen Weg zu erhellen
- die Macht des Glaubens zu begreifen
- inneren Reichtum zu erlangen

ANRUFUNG

Bitte Moses, dir beizubringen, wie du ein Leben im Glauben führst: „Moses, zeig mir den Weg des Glaubens. Hilf mir, die tiefe und beständige Präsenz der Liebe in meinem Leben wahrzunehmen. Hilf mir, Kontrolle abzugeben und Frieden kennenzulernen. Zeig mir den Weg, führe mich und weise mir die Richtung. Möge ich bereit sein, dieser göttlichen Führung zu folgen. Ich danke dir."

ÜBER MOSES

Moses hatte eine enge Beziehung zu Gott. Der entscheidende Wendepunkt in seinem Leben war Gottes Erscheinen in einem brennenden Dornbusch, als er ihn anwies, sein Volk aus Ägypten heraus in die Freiheit zu führen. Auf dem Berg Sinai nahm Moses von Gott die Zehn Gebote entgegen. Moses ist ein wunderbarer Lehrmeister, was die Kraft des Glaubens, das Vertrauen in den Lauf der Dinge und das Akzeptieren der Gegebenheiten anbelangt. Sein Glaube befähigte ihn, Wunder zu wirken. Moses zeigt uns, was möglich ist, wenn wir uns vollständig zu etwas bekennen und einen unerschütterlichen Glauben haben. Er führte sein Volk in die Wüste, wo Gott es täglich mit Manna versorgte. Es sollte davon nur so viel sammeln, wie es für einen Tag benötigte. Manche sammelten jedoch mehr, um etwas für den nächsten Tag zu haben, und stellten dann am Morgen fest, dass es voller Maden war. Jene, die viel eingesammelt hatten, hatten kaum genug, und jene, die gerade genug gesammelt hatten, mehr als sie brauchten.

Wie ist es bei dir? Raffst und bunkerst du oder hast du ausreichend Vertrauen in den Lauf der Dinge? Bist du großzügig oder hast du Angst vor dem, was als nächstes geschieht? Moses kann dir helfen, deine Verbindung zu Gott zu festigen und Vertrauen zu haben, sodass du dich spielerisch in Richtung deines Glücks bewegst.

SOLOMON

SOLOMON HILFT DIR

- dich mit deiner göttlichen Weisheit zu verbinden
- alle Bereiche deines Lebens miteinander in Balance zu bringen
- Erfolg und Wohlstand in dein Leben einzuladen
- deinen emotionalen Körper zu heilen
- die Vergangenheit loszulassen

ANRUFUNG

Salomon erinnert die Menschen an die Bedeutung der Selbstlosigkeit. Wenn du mit ihm arbeiten möchtest, sprich dieses einfache Gebet: „Salomon, Meister der Weisheit, bitte hilf mir. Leite mich mit deinem strahlenden Licht, deiner Liebe und deinem selbstlosen Geist. Weise mir den Weg, sodass ich anderen helfen kann, den ihren zu finden."

ÜBER SOLOMON

Salomon war für seine Weisheit bekannt. Einmal kamen zwei Frauen zu ihm, die beide behaupteten, Mutter desselben Babys zu sein. Salomon drohte damit, das Kind in zwei Hälften zu reißen. Die eine Frau war bereit, die Entscheidung anzunehmen, die andere flehte ihn an, das Kind der anderen zu überlassen. So wusste Salomon, dass die zweite Frau die Mutter war.

Salomon lernte, das Religiöse und das Weltliche in der Waage zu halten. Indem er auf die seinem Geist innewohnende Weisheit zugriff und sie durch sein liebendes Gemüt in die richtigen Bahnen lenkte, konnte er seinem Land Frieden und Wohlstand bringen.

Salomon wird dir zeigen, wie du dich mit deiner inneren Weisheit verbindest. Er zeigt dir deine Zukunftsängste und an welcher Stelle du es unterlässt, deine Wünsche und Bedürfnisse zu respektieren. Du wirst erkennen, wie du deinen Erfolg selbst sabotierst; ob du versuchst, es anderen recht zu machen, statt auf dich selbst zu achten, oder ob du zu beschäftigt bist, um dich um deine spirituellen, emotionalen und körperlichen Bedürfnisse zu kümmern.

UNSERE LIEBE FRAU VON GUADALUPE

UNSERE LIEBE FRAU VON GUADALUPE HILFT DIR

· ein Kind zu empfangen

· ein gebrochenes Herz zu heilen

· all deine Beziehungen zu stärken

· die Liebe deines Lebens zu finden

ANRUFUNG

Unsere Liebe Frau von Guadalupe hilft dir nur zu gern. Stelle ein paar Schnitt-rosen in eine Vase und verstreue einige Rosenblütenblätter in deinem Zimmer. Entzünde eine Kerze und bitte um ihre Unterstützung. Schütte ihr dein Herz aus und lausche ihrem Rat. Sie wird dich mit ihrer Liebe umfangen. Wenn du diese Liebe teilst, kommt sie vervielfacht zu dir zurück.

ÜBER UNSERE LIEBE FRAU VON GUADALUPE

1531 lief der Indio Juan Diego, der erst kurz zuvor Katholik geworden war, durch eine kleine Stadt in Mexiko. Plötzlich hörte er Vögel singen, dann rief eine lieb-liche Stimme seinen Namen. Als er sich umsah, erblickte er eine wunderschöne Frau. Sie trug ihm auf, mit dem Bischof zu reden und ihr eine Kirche bauen zu lassen. Zuerst wollte der Bischof Juan nicht glauben. Doch dann ließ die Frau Juan mitten in der Wüste Blumen pflücken. Als er seinen Mantel ausbreitete, um dem Bischof die darin gesammelten Blumen zu übergeben, war auf der Innenseite ein Bildnis der Jungfrau Maria zu erkennen. Unsere Liebe Frau von Guadalupe ist bekannt für ihre Wundertaten. Ihr Bild auf Juans Mantel ist die einzige physische Manifestation der Jungfrau Maria. Sie lehrt uns die Macht der Liebe, des Glaubens, der Hoffnung und der Barmherzigkeit. Sie ist die göttliche Mutter, die sich um all ihre Kinder sorgt. Sie wird dich niemals verurteilen und ist stets bereit zu helfen. Als mitfühlende Ratgeberin wird sie dir zeigen, wie du dein Leben mit Lachen und Freude erfüllst.

MUTTER TERESA

MUTTER TERESA HILFT DIR

· deine Bestimmung zu finden

· Trauer zu überwinden

· ein gebrochenes Herz zu heilen

· ein Kind zu trösten

ANRUFUNG

Mutter Teresa war eine einfache Frau, du musst also nichts Ausgefallenes tun,
um sie anzurufen. Entzünde eine weiße Kerze und rufe ihren Namen. Erkläre ihr,
wobei sie dir helfen kann und bitte um ihre Unterstützung. Öffne dein Herz und
verbringe etwas Zeit in Stille, damit du ihre Vorschläge hören kannst.

ÜBER MUTTER TERESA

Mutter Teresa erhielt den Friedensnobelpreis und verbrachte über 45 Jahre
ihres Lebens damit, Arme, Sterbende und Ausgestoßene auf der ganzen Welt
zu trösten. Ihre Liebe überwand den Tod, und so setzt sie ihre Arbeit mit
Menschen fort und belehrt sie über die Macht der Liebe, des Glaubens, der
Dankbarkeit und der Dienstbarkeit. Als junge Frau fand sie in den Straßen Kal-
kuttas eine sterbende Frau. Sie blieb bei ihr und tröstete sie, bis sie gestorben
war. Danach machte sie es zu ihrer Berufung, den Bedürftigen zu helfen.

Es heißt, sie habe folgendes Gebet an der Wand ihrer Klosterzelle hängen gehabt:

> *„Die Menschen sind oft unvernünftig, inkonsequent und egoistisch. Vergib*
> *ihnen trotzdem.*
> *Wenn du freundlich bist, werden die Menschen dir selbstsüchtige Hintergedanken*
> *vorwerfen. Sei trotzdem freundlich.*
> *Wenn du erfolgreich bist, wirst du falsche Freunde und wahre Feinde gewinnen.*
> *Sei trotzdem erfolgreich.*
> *Wenn du ehrlich und offen bist, wird man dich womöglich betrügen. Sei trotzdem*
> *ehrlich und offen.*
> *Was du in Jahren aufgebaut hast, mag über Nacht zerstört werden. Baue trotzdem.*
> *Wenn du Gelassenheit und Glück findest, werden einige neidisch sein. Sei trotz-*
> *dem glücklich.*
> *Das Gute, was du heute tust, wird oft vergessen. Tue trotzdem Gutes.*
> *Gib das Beste, was du hast – auch wenn es nie genug ist. Gib trotzdem das Beste.*
> *Am Ende geht es nur um dich und Gott. Nie ging es um dich und sie."*

DIE WEISSE BÜFFELFRAU

DIE WEISSE BÜFFELFRAU HILFT DIR

· selbst profane Aktivitäten zu heiligen

· zu deiner heiligen Bestimmung zu finden

· alles zu heilen

· Freude, Glück und Gelassenheit zu erzeugen

· in allem das Göttliche zu erkennen

ANRUFUNG

Wenn du möchtest, dass die Weiße Büffelfrau mit dir arbeitet, wende dich zunächst an die vier Himmelsrichtungen. Bitte um deren Segen und Führung. Dann wende dich der aufgehenden Sonne zu und rufe die Weiße Büffelfrau an. Sie wird dich mit ihren Armen umfangen. Bei jeder Geburt singt das Universum unser heiliges Lied. Sie wird es für dich singen und dich an das Göttliche in dir erinnern.

ÜBER DIE WEISSE BÜFFELFRAU

Die Weiße Büffelfrau ist eine heilige Frau, die den Menschen beibrachte, wie sie auf geheiligte Weise durchs Leben gehen. Sie wird dir beibringen, wie du dein ganzes Leben mit allem in Harmonie lebst, was dich mit einem Gefühl von Frieden und Glück erfüllen wird.

Die Weiße Büffelfrau sieht in allem und jedem das Licht des Großen Geistes. Sie pflanzte den göttlichen Funken der Liebe in den ersten Menschen und sorgt dafür, dass er in jedem Menschen wächst und gedeiht. Sie wird dir helfen, dass dieser Funke zu einer hell leuchtenden Flamme wird, die deinen Weg erhellt und dich zielsicher zu Freiheit, Freude und Glück leiten wird. Sie kann dein ureigenes Wesen berühren, deine innere Weisheit aktivieren und deine heilige Bestimmung offenbaren. Sobald du mit dieser Bestimmung im Einklang bist, wird sich dir die gesamte Welt eröffnen. Leichtigkeit wird zum Eckpfeiler deines Lebens werden, und dein Pfad wird von Erfolgen gesäumt sein. Bitte die Weiße Büffelfrau um ihre Unterstützung und sei bereit, auf geheiligte Weise zu leben.

JOHANNES DER TÄUFER

JOHANNES DER TÄUFER HILFT DIR

· deinen Körper zu entgiften

· dich von alten Überzeugungen zu befreien

· deine Gedanken zu läutern

· deinen Glauben zu vertiefen

ANRUFUNG

Wende dich an Johannes den Täufer, wenn du einen Neuanfang machen möchtest. Er wird Ordnung in deinem Leben schaffen. Sprenkle etwas Wasser um dich herum und bitte um seine Hilfe. Reinige dein Heim als Zeichen deiner Hingabe. Nimm eine lange, reinigende Dusche und bitte Johannes, dich mit der Kraft deines göttlichen Selbst zu erfüllen.

ÜBER JOHANNES DEN TÄUFER

Johannes war ein tiefgläubiger Mann und seine Botschaft war eine des Glaubens, der Reinheit, der Gottesfurcht und der spirituellen Freiheit. Zu seiner Zeit praktizierten viele Gruppen die Taufe. Sie steht sinnbildlich für die mentale Reinheit, die es braucht, um sich vollständig mit dem eigenen Geist zu verbinden. Johannes sah die Taufe als eine Rückbesinnung auf den eigenen spirituellen Pfad. Er nahm die Erfahrung der Vergangenheit und die Verheißung der Zukunft und vereinte sie in einer wunderschönen Zeremonie, die jeden Menschen dazu befähigt, seine eigene einzigartige göttliche Weisheit in vollem Umfang zu nutzen.

Johannes fordert dich auf zu fragen, welche Bereiche deines Lebens verändert werden müssen; er fragt, wer du bist, und was es ist, das du wirklich erschaffen möchtest. Johannes sagte: „Ich bin eine Stimme, die in der Wüste ruft." Er ruft dir zu und lädt dich ein, deine Vollkommenheit zu feiern und alle Urteile loszulassen, die du über dich selbst gefasst hast. Er lädt dich ein, deine Schwächen und die einschränkenden Überzeugungen deines Verstandes zu überwinden und die Weisheit anzunehmen, die im Innern deines Herzens ruht.

BUDDHA

BUDDHA HILFT DIR

- deinen Verstand zu beruhigen
- die Wahrheit zu erkennen
- dich von deinen einschränkenden Überzeugungen zu lösen
- Mitgefühl und Liebe zu erfahren, indem er dir auf dem Weg zur Erleuchtung als spiritueller Führer dient

ANRUFUNG

Buddha befindet sich stets am Rande deiner Wirklichkeit, wo er darauf wartet, dir helfen zu können. Meditiere, beruhige deinen Verstand und bitte um seine Führung. Dich mit deiner eigenen Buddha-Natur in Einklang zu bringen, erfordert Übung, du solltest also häufig meditieren. Wie bei allen spirituellen Praktiken wirst du umso besser darin werden, je mehr du übst.

ÜBER BUDDHA

Der bekannteste Buddha ist der im Jahr 563 v. Chr. geborene Siddhartha Gautama. Allerdings bezieht sich der Begriff Buddha nicht auf eine Einzelperson, sondern vielmehr auf jeglichen Menschen, der erleuchtet wurde. Ein Buddha ist ein Mensch, der das Leben so sieht, wie es wirklich ist. Er oder sie ist aus der Illusion erwacht, in der die meisten Menschen leben. Buddhas offenbaren uns den Pfad zur Seligkeit und zeigen den Menschen, wie sie sich mit ihrer eigenen Buddha-Natur verbinden können.

Ein Buddha sieht Vergangenheit, Gegenwart und Zukunft gleichzeitig. Er sieht sie klar und deutlich, ohne zu werten, und mit großem Mitgefühl. Er umfängt alle Wesen mit tiefempfundener, bedingungsloser Liebe. Ein Buddha handelt naturgemäß aus liebevollem Mitgefühl. Dem Wesen eines Buddha entspringt ein Leben, das auf liebender Güte basiert.

Für einen Buddha ist der geschulte Verstand ein wunderbares Werkzeug, nicht etwas, das einen unablässig mit Aufgaben versorgt. Indem ein Buddha seinen Verstand beruhigt, sieht er das Leben mit liebevollem Mitgefühl und frei von Wertungen. Erleuchtete Wesen haben Freude daran, als Lehrer und Seelenführer mit Individuen zu arbeiten. Durch Übung wirst auch du ein Botschafter der liebevollen Güte in der Welt werden.

MARIA MAGDALENA

MARIA MAGDALENA HILFT DIR

- die Macht der Liebe zu spüren
- zu vergeben
- das Leben mit mehr Verständnis und größerer Klarheit zu sehen
- die Verbindung zu deinem Geist zu vertiefen
- deine übersinnlichen Fähigkeiten zu verbessern

ANRUFUNG

Maria Magdalena hat ein großes Herz und ein immenses Vermögen, Liebe zu schenken. Wenn du möchtest, dass sie dir hilft, schreibe dein Anliegen auf ein rotes Stück Papier und entzünde eine weiße Kerze. Sage dann: „Maria, bitte hilf mir bei meinem Bestreben, Glück und Freude zu schaffen. Lass mich dienstbar sein und wissen, wie ich vorgehen soll. Maria, hilf mir, wahre Liebe zu erfahren und sie mit meinen Mitmenschen zu teilen."

ÜBER MARIA MAGDALENA

Maria Magdalena war der wichtigste weibliche Anhänger Jesu. Traditionellerweise wird sie als Prostituierte abgestempelt, obwohl die Bibel dies nicht belegt. Einige glauben, sie sei Jesu Frau gewesen und sie hätten eine gemeinsame Tochter namens Sarah gehabt. Sie ist eine sehr machtvolle Lehrerin und ihre Botschaft ist die der Liebe, der Dankbarkeit und der Erlösung.

Sie gemahnt uns daran, wie wichtig es ist, uns selbst zu lieben und anderen von Nutzen zu sein. Das apokryphe Evangelium der Maria Magdalena offenbart ein tiefes Verständnis der Lehren Jesu. Es kursierte bis ins frühe dritte Jahrhundert hinein, wurde aber von den frühen christlichen Kirchenvätern geringgeschätzt und verworfen. Maria hat die Botschaft Jesu verinnerlicht und lädt uns ein, seine Lehren als eine Lebensweise anzunehmen. Sie legt besonderes Gewicht auf Vergebung, Großmut, die Vollkommenheit allen Lebens und die Bedeutung der Liebe. Ihr Herz ist stets offen und ihre Weisheit nur einen Gedanken entfernt.

ABRAHAM

ABRAHAM HILFT DIR

- die Kraft des Glaubens zu verstehen
- deine Bestimmung zu erkennen
- dich deiner grundsätzlichen Güte und göttlichen Natur zu besinnen

ANRUFUNG

Bitte Abraham, dir zu zeigen, wie du zum Glauben findest, wie du deine angsterfüllten Gedanken loslässt und wie du zulässt, dass die Liebe des Universums dich umfängt. Stell dir vor, wie es wohl für Abraham war, in der Wüste zu leben. Öffne dann dein Herz und harre der Wunder.

ÜBER ABRAHAM

Gott versprach Abraham, er werde der Begründer eines Volkes sein und Millionen von Nachfahren haben. Doch war Abraham bereits 100 Jahre alt, als seine Frau Sarah ihm einen Sohn gebar. Gott bat Abraham, ihm diesen seinen Sohn zu opfern. Statt bitter und feindselig zu reagieren, Gott Vorhaltungen zu machen und sich von ihm abzuwenden, vertraute Abraham ihm und erfuhr die Macht der Liebe, als Gott seinen Sohn verschonte und stattdessen ein Schaf opfern ließ.

Abraham gemahnt uns an die Kraft, die daraus erwächst, wenn wir unseren Überzeugungen treu bleiben. Er verdeutlicht uns die Kraft des Glaubens. Wenn du nicht recht weißt, wie es weitergehen soll, bitte Abraham um Rat. Als Stammvater der drei abrahamitischen Religionen (Judentum, Christentum, Islam) besitzt er die Fähigkeit, sich seinen tiefen Glauben zunutze zu machen und Wunder zu wirken. Bitte ihn also um seine Hilfe, öffne dein Herz und vertraue der Führung, die dir zuteil werden wird. Seine Führung wird stets liebevoll und einfühlsam sein.

JEREMIA

JEREMIAH HILFT DIR

- dich von allen Einschränkungen zu befreien
- wahrhaft glücklich und frei zu sein
- an Körper, Geist und Seele zu gesunden

ANRUFUNG

Jeremia hat Verständnis dafür, dass das Sich-Hingeben für die meisten Menschen ein mühsamer Prozess ist. Er legt dir nahe, dass du dich zunächst nach deiner Fähigkeit zu lieben fragst, und danach, ob du dich so akzeptieren kannst, wie du bist. Erst dann wirst du dich deinem göttlichen Willen hingeben können. Rufe Jeremia an und bitte ihn darum, dich geliebt zu fühlen, öffne dein Herz und empfange seine Liebe.

ÜBER JEREMIA

Jeremia lebte um 580 v. Chr. in Jerusalem, als die Babylonier die Kontrolle in der Stadt übernommen hatten. Er erlebte die Invasion, die Deportationen und das Hinmetzeln von Juden sowie die Zerstörung des Tempels. Er entschloss sich, in Judäa zu bleiben, sah sich jedoch später gezwungen, nach Ägypten zu fliehen. Das biblische Buch Jeremia spricht von der Bedeutung der persönlichen Spiritualität im Vergleich zu organisierten Formen der Religion und von der Notwendigkeit, dass Einzelpersonen Verantwortung übernehmen – seinerzeit geradezu revolutionäre Ideen.

Jeremia zeigt den Menschen, wie man ganz leicht Freiheit, Freude und Glück erlangt, indem man den göttlichen Willen annimmt, und wie schwer all dies zu erreichen ist, wenn jemand nicht dazu bereit ist, für das eigene Handeln Verantwortung zu übernehmen. Er erklärt, dass der göttliche Wille im Einklang mit der höheren Bestimmung eines Menschen und seinem wahren spirituellen Wesen steht. Göttlicher Wille ist etwas, das im Innern jedes menschlichen Wesens tief verwurzelt ist. Es ist nicht der Wunsch irgendeiner externen Macht, dir ihren Willen aufzunötigen. Wenn du dich deiner wahren Natur hingibst, wirst du von der allmächtigen Kraft der Liebe durchdrungen werden.

JUNGFRAU MARIA

DIE JUNGFRAU MARIA HILFT DIR

- bedingungslos zu lieben
- dich zugehörig zu fühlen
- deine Beziehungen zu heilen
- inneren Reichtum zu erlangen
- dein Glück zu verfolgen

ANRUFUNG

Jahrhundertelang haben Menschen zum Anbeten der Jungfrau Maria einen Rosenkranz benutzt. Wenn es dich anspricht, kannst du das ebenfalls tun. Falls nicht, bitte sie einfach um ihre Hilfe, und sie wird da sein. Sie ist die geliebte Mutter, die stets in der Nähe ist, am Rande deiner Wirklichkeit, wo sie darauf wartet, dass du sie zum Näherkommen einlädst.

ÜBER MARIA

Die Jungfrau Maria ist das ultimative Symbol der göttlichen Liebe. Ihre Fähigkeit zu lieben geht über das, was die meisten Menschen begreifen können, hinaus. Ihre vollkommene Liebe kann all deine Ängste vertreiben und dir ermöglichen, deine Potenziale voll auszuschöpfen. Ihre Liebe wird dir helfen, deine einschränkenden Überzeugungen zu überwinden. Maria wird dich daran erinnern, dass du ein Geschöpf des Lichts bist und dass all dein Leiden daher rührt, dass du glaubst, von diesem Ursprung getrennt zu sein. Sie wird dir zeigen, wie du ein Leben verwirklichst, das auf der Verbindung mit dem Göttlichen und dem Wissen um dein Einssein mit allem und jedem im Universum basiert. Sie wird dir vermitteln, wie statt deinen alten Selbstbildes das Bild annimmst, das Gott von dir hat.

Öffne ihr dein Herz und deine Seele. Bitte darum, alle Vorstellungen, die du von dir selbst hast, vollständig aufgeben zu können. Stelle fest, welche Vorurteile du hast, und bitte Maria, dir dabei zu helfen, die Dinge anders zu sehen. Wenn du dich fürchtest, bitte sie darum, dich mit Liebe zu erfüllen. Wenn du Maria um ihre Hilfe bittest, dich dann aber auf deine alten Überzeugungen konzentrierst, kann sie dir nicht helfen. Bitte sie also unvoreingenommen um Hilfe.

JESAJA

JESAJA HILFT DIR

- dich mit deiner inneren Weisheit zu verbinden
- dein Herz der wahren Liebe zu öffnen
- echtes Glück zu finden
- die Macht des Glaubens in Anspruch zu nehmen
- dich von Ängsten zu befreien

ANRUFUNG

Jesaja liebt Musik und fröhlichen Gesang. Singe dein Anliegen aus voller Kehle aus dir heraus. Es macht nichts, wenn du keinen Ton halten kannst, sing einfach lautstark und voller Hingabe; schütte all deine Hoffnungen und Träume aus und lass dir von Jesaja dabei helfen, sie zu verwirklichen.

ÜBER JESAJA

Jesaja ist einer der bekanntesten Propheten. Viele seiner Prophezeiungen sagten das Kommen des Messias voraus. Er predigte den Menschen, den Pfad der Wahrheit und der Liebe zu folgen, und den Pfad des Zornes und der Gewalt zu verlassen. Er ermutigte andere, Gottes Liebe in ihr Leben einzuladen, somit könnten sie sich des Glücks und Erfolgs sicher sein. Er glaubte, dass Gottes Liebe allen zur Verfügung steht, die ihre Herzen öffnen und zulassen, von dieser allumfassenden Liebe umfangen zu werden.

Jesaja erinnert uns daran, dass man sich retten kann, indem man die Antworten findet, die im eigenen Herzen verborgen sind. Andere darum zu bitten oder von ihnen zu erwarten, dass sie dich erlösen, ist das Gegenteil von Erleuchtung. Indem du dein Herz öffnest, dich mit deinem Geist verbindest und Gott in dein Leben lässt, betrittst du den Pfad, der schon Jesaja befreite.

GRAF VON SAINT-GERMAIN

SAINT-GERMAIN HILFT DIR

· deine Fähigkeit zu verbessern, bedingungslose Liebe zu erfahren
· deine prophetische Gabe zu nutzen
· bei der Verwirklichung deiner Freiheit
· die Verbindung zum Göttlichen in dir zu vertiefen

ANRUFUNG

Stell dir vor, du seist von einem hellvioletten Licht erfüllt. Fühle, wie jede Zelle deines Körpers mit der Energie der Verwandlung schwingt. Verharre so lange in dem Licht, bis du Saint-Germains liebende Präsenz spürst. Dann bitte ihn darum, dir zu zeigen, wie du dein Leben eher aus der Perspektive deines höheren Selbst denn aus dem lieblosen Blickwinkel deines unbedeutenden Selbsts siehst. Sprich ein einfaches Gebet und öffne dich der Unterstützung Saint-Germains.

ÜBER SAINT-GERMAIN

Graf Saint-Germain lehrt, dass die höchste Form der Alchemie jene ist, durch die man das eingeschränkte und angstvolle menschliche Bewusstsein in die uneingeschränkte und bedingungslose, liebende Göttlichkeit des höheren Selbst verwandelt. Der einzige Unterschied zwischen einem aufgestiegenen Meister und einem Sterblichen betrifft die Freiheit, die der Meister gewählt hat. Die Entscheidung zur Freiheit treffen wir in jedem einzelnen Augenblick, indem wir wählen, worauf wir unser Augenmerk richten und was wir glauben.

Saint-Germain ist der Lehrmeister der Freiheit, der Gerechtigkeit, der Gnade und der Umwandlung. Er bringt Seelen, die bereit sind, ihr Denken zu verändern, die Gabe der Prophetie. Er nutzt die Liebe als Katalysator für Veränderungen. Er bringt die Flamme der Transformation in die Welt, um den Menschen zu helfen, die Voraussetzungen für ein Leben voller Freiheit und Glück zu schaffen. Er erinnert uns daran, dass Glück das Geburtsrecht des Menschen ist.

LAOTSE

LAOTSE HILFT DIR

- Ausgewogenheit in dein Leben zu bringen
- Erfüllung und Leichtigkeit in dein Leben einzuladen
- Harmonie einzusetzen, um deine wildesten Träume zu verwirklichen
- Liebe zu finden
- deine Beziehungen aufzuwerten

ANRUFUNG

Entzünde eine weiße Kerze und bitte Laotse um seine Unterstützung. Sein Rat ist stets einfach und kommt auf den Punkt. Sobald du um seine Hilfe gebeten hast, halte Ausschau nach Zeichen. Vielleicht erreicht dich seine Antwort ja in Form eines Glückskekses oder durch die beiläufige Bemerkung eines Freundes.

ÜBER LAOTSE

Laotse ist der Autor des vermutlich im 4. Jahrhundert v. Chr. entstandenen *Tao Te Ching* und Begründer des Taoismus. Der Legende nach beschloss der vom Zustand des Landes betrübte Laotse China zu verlassen. Als er im Begriff war, das letzte Tor der Chinesischen Mauer, die das Reich schützte, zu durchschreiten, erkannte ihn ein Wächter. Er ließ Laotse erst passieren, als dieser seine Weisheiten niedergeschrieben hatte. Diese 81 Aphorismen bilden das *Tao Te Ching*.

Laotse lehrt einen einfachen Lebensstil, der sich mit allem im völliger Harmonie befindet. In seiner Philosophie geht es um Akzeptanz, Hingabe und ein tiefes Gefühl der Verbundenheit. Das Tao ist eine undefinierbare Energie, etwas, das erfahren werden muss, eine Kraft, die uns einhüllt, umgibt und durch alle lebenden und nicht lebenden Dinge fließt. Laotse erkannte, dass es das Lebensziel ist, mit dem Tao eins zu werden. Er wird dir helfen, dich ganz anzunehmen und Gleichgewicht und Harmonie in dein Leben zu bringen. Seine Freundlichkeit und Liebe sind allumfassend. Laotses Schlichtheit und sein prägnanter Einsatz von Worten wird dich leiten und führen. Er überwindet die Komplexität des Lebens und zeigt dir, wie du dir ein glückliches und ungezwungenes Leben erschaffst.

MAITREYA

MAITREYA HILFT DIR

- dich mit deiner Bestimmung zu verbinden
- mit Liebe und Zusammenarbeit alles zu erschaffen, was du dir erträumst
- den idealen Wohnort zu finden
- all deine Beziehungen zu verbessern

ANRUFUNG

Um Maitreya in dein Leben einzuladen, lass ein paar Rosenblütenblätter in einer schönen Schale treiben. Atme ein paarmal tief ein und rufe seinen Namen. Dann erläutere deine Wünsche. Öffne dein Herz und deinen Geist und sei dir dessen bewusst, dass er für dich da ist.

ÜBER MAITREYA

Lord Maitreya ist der Buddha, der die Erde noch nicht verlassen hat. Er ist den Menschen so zugetan, dass er das Nirwana erst betreten will, wenn alle Wesen Erleuchtung erlangt haben. Christen kennen ihn als Christus, Juden erwarten den Messias, Hindus warten auf Krishna, Buddhisten sehen ihm als Maitreya Buddha entgegen und Muslime warten auf den Mahdi.

Maitreya ist kein religiöser Führer, sondern ein Lehrer der Menschheit, der darauf hofft, sie dazu inspirieren zu können, sich als Familie zu sehen und sich zu vereinen, um eine Welt zu erschaffen, die auf Teilen, sozialer Gerechtigkeit und globaler Zusammenarbeit beruht. Er möchte eine Welt fördern, die auf Liebe gründet, eine gesunde Welt, deren Prioritäten es sind, alle Menschen zu ernähren und jedem Zugang zu medizinischer Versorgung und Bildung zu ermöglichen.

Er wird dir inneren Frieden bringen und dir zeigen, wie du Entscheidungen triffst, die dir unbegrenzte Möglichkeiten eröffnen. Maitreya sieht in jedem das Beste und betrachtet alles durch die Augen der Liebe. Maitreya ist ein wunderbarer Lehrer und Ratgeber. Er wird dir die wahre Macht deines Geistes und den wahren Weg zu Heiligkeit und Frieden zeigen.

GÖTTINNEN UND GOTTHEITEN

Götter und Göttinnen sind stets gewillt zu helfen. Als Gegenleistung erwarten sie, dass du ihrer Liebe Herz und Seele öffnest und deine Verbindung zu deinem Geist verstärkst. Sie kennen deine Vollkommenheit und wissen, dass du ein spirituelles Wesen bist. Sie werden niemals von dir fordern, etwas Bestimmtes zu tun, doch sie werden dir vorschlagen, bestimmte Maßnahmen zu ergreifen und Zeit darauf zu verwenden, deine spirituellen Praktiken weiterzuentwickeln.

Nimm dir Zeit, sie kennenzulernen. Öffne dein Herz und gestehe dir zu, eine tiefe und persönliche Beziehung zu deiner eigenen Göttlichkeit aufzubauen.

ITZAMNÁ

VERBUNDENE KULTUR
Maya

ITZAMNÁ HILFT DIR
- Heilzeremonien zu kreieren
- Erfüllung in dein Leben zu bringen
- dich mit der Natur zu verbinden
- dir deine eigene Göttlichkeit zunutze zu machen
- dich von alten seelischen Verletzungen zu befreien

ANRUFUNG
Itzamná kann dir auf vielerlei Art und Weise helfen. Er ist ein Meister im Erschaffen von Ritualen. Du kannst ihn einladen, dir dabei zu helfen, ein Ritual zu kreieren, mit dessen Hilfe du dich zentrieren und deine Schaffensenergie nutzbar machen kannst. Folge deiner Intuition. Wenn dir danach ist, nach draußen zu gehen, geh nach draußen… Lass dich beim Erschaffen eines wirksamen Rituals von deiner inneren Weisheit leiten.

ÜBER ITZAMNA
Itzamná ist der Begründer der Kultur der Maya, der Herrscher des Himmels und einer der älteren Mayagötter. Er brachte den Menschen seines Volkes Mais und Kakao und lehrte die Heilkunst. Er half ihnen, ihre Kultur zu verfestigen. Itzamná ist der Gott der Sonne und des Mondes, also herrscht er sowohl über den Tag als auch über die Nacht. Er ist außerdem als der „Herr des Wissens" bekannt.

Itzamná zeigte den Menschen, wie sie das Land aufteilen konnten, und erschuf religiöse Rituale. Er ist wie ein wunderbarer älterer Bruder, der dir die Abkürzungen zeigt und dir hilft, Schwierigkeiten zu umgehen.

Itzamná ist einer der wichtigsten Gottheiten in den Mythen der Maya. Als Gott des Maises und Gott über Tag und Nacht ist er wahrlich der Gott des Lebens und des Erschaffens. Er kann dir zeigen, wie du dein Leben und das Leben dir nahestehender Menschen nachhaltig umgestaltest. Du kannst andere Menschen nicht verändern, damit dein Leben leichter wird, aber du kannst ihre Herzen so sehr mit Liebe erfüllen, dass ihr gemeinsam Glück und Freude erschaffen könnt.

TARA

VERBUNDENE KULTUREN

hinduistisch | buddhistisch | tibetanisch-buddhistisch

TARA HILFT DIR

- Liebe in deinem Leben hervorzubringen
- vor allem Übel geschützt zu sein
- Fruchtbarkeit in alle Bereiche deines Lebens zu bringen
- alle Hindernisse zu überwinden
- Mitgefühl für dich selbst und andere aufzubringen

ANRUFUNG

Tara ist eine machtvolle Göttin mit vielen Gesichtern. Ihr Hauptanliegen ist es, dir dabei zu helfen, deine eigene göttliche Natur zu erkennen. Rufe sie einfach an, öffne ihr dein Herz und bitte sie um ihre Hilfe. Tara ist stets nur einen Gedanken weit entfernt. Wenn sie dich umarmt, kann es sein, dass du ihre Wärme spürst.

ÜBER TARA

Die Göttin Tara wird in vielen verschiedenen Kulturen verehrt. Im Hinduismus ist sie das Symbol der ewigen Liebe und des Lichts. Sie ist die buddhistische „Göttin des Mitgefühls", die das Prinzip der Nicht-Bindung lehrt. In Tibet ist sie die Göttin der Liebe, geboren aus den Tränen, die ihre Mutter aus Mitleid mit den leidenden Menschen vergoss. Taras größter Wunsch ist es, den flehentlichen Bitten der Menschen um Beistand nachzukommen.

In den Praktiken zur Schulung des Geistes, die von den tibetanischen Meistern vermittelt werden, ist Tara der Archetyp unserer eigenen inneren Weisheit. Sie spricht von einer Bewusstseinsveränderung, einer Reise in die Freiheit. Die Meister lehren viele einfache und unmittelbare Möglichkeiten, um die Weisheit, das Mitgefühl und die Herrlichkeit, für die Tara steht, in uns selbst zu entdecken.

Tara wird in vielen Erscheinungsformen angebetet; häufig ist es die weiße Tara, die Gesundheit, ein langes Leben und Frieden bringt und bewahrt. Ebenso verehrt wird die energiereiche grüne Tara, die der Erde Fruchtbarkeit bringt, Hindernisse beseitigt und uns vor physischer und spiritueller Gefahr bewahrt.

LILITH

VERBUNDENE KULTUREN

sumerisch | hebräisch

LILITH HILFT DIR

- dich mit deiner inneren Weisheit zu verbinden
- den Mut zu finden, für dich selbst einzutreten
- ausgelassen und leidenschaftlich zu sein
- unglaublichen Sex zu haben

ANRUFUNG

„Lilith, bitte lass mich die Welt durch die Augen des Schöpfers sehen. Hilf mir, die Liebe in allem wahrzunehmen. Führe und geleite mich. Zeige mir, wie es meine Sichtweise einschränkt, wenn ich Böses erwarte, und wie es mich davon abhält, meine grenzenlose Natur kennenzulernen."

ÜBER LILITH

Lilith war eine sumerische und hebräische Göttin, die wegen ihrer Weisheit und ihrer Ungezwungenheit, ihres Muts, ihrer Leidenschaft, Freude und Sexualität verehrt wurde. Über lange Zeit war sie eine einflussreiche Kraft, doch mit Aufkommen des Patriarchats wurde sie von levitischen Priestern als Dämonin dargestellt.

Lilith wurde erschaffen, um Adam eine ebenbürtige Partnerin zu sein. Da sie sich ihm nicht unterwerfen wollte, sah der Urvater sie als Bedrohung, und so wurde sie aus dem Garten Eden vertrieben und durch Eva ersetzt, die bereit war, sich zu fügen. Als Dämonin wird sie dafür verantwortlich gemacht, Männer zu verführen, während sie schlafen, und nächtliche Samenergüsse zu verursachen.

Lilith kann für dich sowohl eine Göttin als auch ein böser Geist sein. Sie kann dir helfen, die Wunder und den Zauber des Lebens oder überall die Schattenseiten und das Böse zu sehen. Du kannst zwischen Liebe und Furcht wählen. Lilith wird dir helfen, deine Göttlichkeit anzunehmen und die Liebe in allem wahrzunehmen: Lilith weiß, ob Gott existiert oder nicht, und sie weiß um die Macht der Schöpfung, von der alles durchdrungen ist.

SCHIWA

VERBUNDENE KULTUR

hinduistisch

SCHIWA HILFT DIR

- dein Leben leidenschaftlich zu leben
- das Göttliche in allem zu erkennen
- glücklich, fröhlich und frei zu sein
- deinem Körper und deinem Leben Energie zu geben
- dir die Kräfte der Natur zunutze zu machen
- deine Hoffnungen und Träume zu verwirklichen

ANRUFUNG

Wenn du an einem regnerischen Tag gern einen Regenbogen oder die Sonne sehen möchtest, wende dich an Schiwa. Bist du müde, nutze die Kraft seines Tanzes. Hindernisse auf deinem Weg kann er als Herr der Zerstörung ganz leicht beseitigen. Da Schiwa den Klang von Trommeln und das Klingeln von Glöckchen liebt, kannst du sie verwenden, um ihn in dein Leben einzuladen. Indem du seinen Namen intonierst, erfüllst du deinen Körper mit wohltuender Energie.

ÜBER SCHIWA

Schiwa ist der hinduistische Gott der Zerstörung. Man nennt ihn auch Nataraja, den Herr der Tänzer. In der hinduistischen Tradition gelangt man mit Tanz in Trance und Ekstase, was dem Tänzer ein unmittelbares Erfahren des Göttlichen ermöglicht. Schiwas vier Arme stellen die vier Himmelsrichtungen dar. In seiner oberen rechten Hand hält er eine Sanduhr, das Symbol der Schöpfung; in der oberen linken Hand eine Flamme, das Symbol der Zerstörung. Mit der unteren rechten Hand macht er eine schützende Geste, seine untere linke Hand weist über seinen Körper hinweg in Richtung seines Fußes, was dafür steht, den Kreislauf von Geburt und Tod durchbrochen zu haben.

Schiwas gleichmütiger Gesichtsausdruck und sein ungestümes Tanzen sind Sinnbild für die Dualität des Sichtbaren und des Unsichtbaren, von Ewigkeit und Zeit. Seine Gelassenheit erinnert an die Freuden des Lebens, an die Natur, an Sex und an unser Vermögen, einen spirituellen Pfad einzuschlagen. Er verkörpert die Verschmelzung der Naturgewalten mit den Hoffnungen und Träumen der Menschen.

PACHAMAMA

VERBUNDENE KULTUR
peruanisch

PACHAMAMA HILFT DIR

- dein Leben voll auszukosten
- für dich und andere Segnungen zu kreieren
- inneren Reichtum zu erlangen
- das Göttliche zu erkennen, das allem und jedem innewohnt

ANRUFUNG

Mit Pachamama kannst du überall in Verbindung treten. Alles, was du dazu brauchst, ist die Bereitschaft und den Wunsch, dich zu verbinden. Atme tief ein, spüre die Erde unter deinen Füßen, danke Pachamama für ihre Gegenwart und bitte sie um ihre Führung. Nimm dir jeden Tag ein paar Minuten Zeit, um die Welt um dich herum wahrzunehmen.

ÜBER PACHAMAMA

Pachamama ist die große Erdgöttin. Man stellt sie sich als Drachen vor, der unter den Bergen lebt. Von Zeit zu Zeit zittert sie – dann bebt die Erde. Die Berge werden als ihre Brüste und die Flüsse als die Milch ihrer Liebe angesehen. Pachamama wird als die Schönheit eines frisch bestellten Feldes verehrt. Um eine gute Ernte zu gewährleisten, ehren die Menschen sie mit Maismehl und Gebeten.

Pachamama ist die Göttin der Fruchtbarkeit und der Liebe und möchte dich an deine göttliche Natur erinnern. Es betrübt sie zu sehen, dass Menschen ihre Verbindung zur Natur und ihre Abhängigkeit von ihr vergessen. Wann bist du zuletzt barfuss im Gras gelaufen oder hast im Regen gestanden und für das heilende Wasser gedankt? Dankst du der Erde dafür, dass sie dich trägt?

Pachamama lädt dich ein, dich zu verbinden und zu erinnern. Spüre die Wärme der Sonne auf deinem Gesicht, lass dich vom Wind umarmen und denke darüber nach, woher dieser Wind kommt. Wenn du das nächste Mal etwas isst, gestatte dir bei jedem Bissen, die Sterne und den Mond zu sehen und zu spüren. Denke an all die Menschen, die diese Mahlzeit ermöglicht haben, denke an die Natur, die Bauern, die Lastwagenfahrer und den Geist der Speise selbst.

ISIS

VERBUNDENE KULTUR
ägyptisch

ISIS HILFT DIR
· dich mit der göttlichen Weiblichkeit zu verbinden

· deine Fähigkeit zu verbessern, innige Beziehungen einzugehen

· dich an dein wahres Ich zu erinnern

· deine Kreativität zu fördern

· freudig das Leben anzunehmen

· dir die Kunst der Magie anzueignen

· Geburten zu erleichtern

ANRUFUNG
Willst du Isis anrufen, warte bis es dunkel geworden ist und trage dann dein Lieblingsparfum auf. Wenn du um ihre Hilfe bittest, wirst du wahrscheinlich spüren, wie sie dich mit ihren geflügelten Armen liebevoll umfängt. Eine hübsche Schale mit Wasser und einer Schwimmkerze erzeugt eine wunderbare Atmosphäre für alle Gesuche. Wenn du Isis um ihre Unterstützung bittest, sage: „Isis, bring mir bitte bei, wie ich mir die unglaubliche Kraft der Liebe zunutze machen kann. Gib mir den Mut, meine Entscheidungen aus der Liebe heraus zu treffen, und erfülle mich mit der Macht deiner Hoffnung. Ich danke dir für deine Präsenz in meinem Leben, für deine Liebe, deinen Schutz und deine Weisheit."

ÜBER ISIS
Isis ist die geflügelte ägyptische Göttin des Mondes. Sie brachte den Frauen bei, die Männer zu besänftigen, sodass sie mit ihnen zusammenleben konnten, und wie man Kinder wohlbehalten zur Welt bringt. Der Legende nach war Isis mit Osiris verheiratet. Ihr Bruder Seth ermordete ihn. Er ließ den Leichnam in viele hundert Stücke zerteilen und übers ganze Land verstreuen. Isis sammelte alle Stücke auf und hauchte seinem Körper wieder Leben ein. Damit gemahnt sie uns daran, all die bruchstückhaften Teile unserer Psyche und unseres Geistes wieder zusammenzuführen. Sie fordert uns auf, uns selbst zu lieben, sodass wir unserer eigenen Ganzheit und Heiligkeit wieder Leben einhauchen können.

VENUS

VERBUNDENE KULTUR

römisch

VENUS HILFT DIR

- dich schön zu finden
- Liebe zu finden und besseren Sex zu haben
- beim Kauf perfekter Kleidung und bei der Suche nach einem schönen Heim
- inneren Reichtum zu erlangen
- dein Stilgefühl zu entdecken

ANRUFUNG

Venus sah sich liebend gern im Spiegel an, wende dich also an sie, indem du in einen großen Spiegel schaust. Schau dich liebevoll an und bitte Venus darum, dich zu umarmen und mit einem Gefühl der Freude und Wärme zu erfüllen. Bitte sie um Unterstützung dabei, deinen Herausforderungen zu begegnen, und dich daran zu erinnern, welch göttliches Wesen du wirklich bist.

ÜBER VENUS

Ursprünglich war Venus die Göttin der Gärten, der Vegetation und der Weinberge. Später wurde sie zur Göttin der Liebe, Schönheit und sexuellen Leidenschaft. Venus ist außerdem die Göttin der Mutterschaft und der Ehe. Sie kann unser Stilgefühl beeinflussen, unser Verständnis von Kunst und Kultur sowie unsere Liebesbeziehungen. Venus hat Einfluss auf deine sexuelle Anziehungskraft und kann auch deine Einstellung zu materiellem Besitz verändern.

Venus ist die vielleicht bekannteste und meistverehrte Liebesgöttin. Wenn eine Frau sich ihre Energie zu eigen macht, kann sie nur schwerlich ohne herausfordernden Gang, wiegende Hüften und verführerischen Blick auftreten. Venus kündet von Fruchtbarkeit, Liebe und Vergnügen. Ihr eigenes Glück und ihre eigene Freude erarbeitete sie sich hart. Sie war verheiratet und hatte Kinder, doch konzentrierte sie sich fast ausschließlich auf ihre außerehelichen Verhältnisse. Venus verwöhnte sich gern und pflegte ihre Schönheit. Sie ist zum wahrhaftigen Sinnbild für das Wesen der Weiblichkeit geworden. Sie fordert dich auf, dir die Zeit zu nehmen, dich selbst zu verwöhnen. Sie weiß, dass sich – ob du nun Mann oder Frau bist – wahres Glück erst dann einstellt, wenn du gelernt hast, dich selbst bedingungslos zu lieben.

MARIA

VERBUNDENE KULTUR

christlich

MARIA HILFT DIR

- das eigene Ich zu befreien
- Liebe zu finden
- dir selbst und anderen zu vergeben
- deine Gesundheit zu verbessern
- dich von Süchten zu befreien
- eine liebende Familie aufzubauen und ein Kind zu empfangen
- ein entlaufenes Haustier wiederzufinden

ANRUFUNG

Entzünde eine Kerze und bitte um Marias liebevolle Führung. Stell dir all die Mütter und Frauen vor, die sich im Lauf der Jahrtausende auf der ganzen Welt um Kinder gekümmert haben. Gestatte dir, mit der Energie der göttlichen Mutter in Einklang zu kommen und bitte Maria um ihre Führung, ihre Liebe und ihre Unterstützung.

ÜBER MARIA

Engel verkündeten Maria, dass sie den Sohn Gottes gebären werde. Die Muttergöttin fuhr in ihren Körper, damit sie die männliche Seite Gottes zur Welt bringen konnte. Wenn Götter und Göttinnen als Menschen auf die Erde kommen, können sie vieles bewegen.

Maria übernimmt die Rolle des heiligen Weiblichen und erlaubt dir, dich auf persönliche Weise mit einer Göttin zu identifizieren. Sie stellt ein liebevolles weibliches Vorbild dar. Maria wird dir zeigen, wie du dich mit dem Göttlichen in dir verbindest und wie du dich der Ausgewogenheit erinnerst, die dort herrscht. Wenn du diesen heiligen Ort betrittst, wirst du Teil von Maria werden, und sie wird dir helfen, dein heiliges Selbst hervorzubringen. Maria teilt ihre Liebe mit dir und wird dir zeigen, wie du bedingungslos liebst. Ihre Sanftmut und ihre geistige Liebe wird dich zutiefst berühren. Sie wird dich auffordern, dich an deine eigene gottgleiche Natur zu erinnern und dir zeigen, wie du dein Herz und deinen Verstand dem Zauber und den Wundern öffnest, die Teil dieser Natur sind.

SHAKTI

VERBUNDENE KULTUR

hinduistisch

SHAKTI HILFT DIR

- einen erfüllenden Beruf zu finden
- inneren Reichtum zu erlangen
- schwanger zu werden
- die Bestimmung deines Lebens zu erkennen
- dich mit deiner göttlichen Weiblichkeit zu verbinden

ANRUFUNG

Indem du Shaktis Macht heraufbeschwörst, kannst du dich mit der unglaublichen Kraft des grenzenlosen Erschaffens verbinden. Da Shakti die Personifizierung der göttlichen Weiblichkeit ist, wirst du sofort, wenn du sie anrufst, von einem Gefühl der Wärme, des Akzeptiertseins und der Liebe umgeben sein. Stell dir vor, wie sich all deine Wünsche im Leben auf göttliche und magische Weise verwirklichen. Um Shakti anzurufen, kannst du eine hübsche Schale mit Salzwasser befüllen und ein paar Blumen und vielleicht eine Kerze darin schwimmen lassen. Blicke mit Sanfmut ins Wasser und bitte um ihre Unterstützung. Du kannst Folgendes sagen: „Shakti, unser aller göttliche Mutter, hilf mir, die Fülle und die Freude zu manifestieren, die mein Geburtsrecht sind. Hilf mir, alles durch deine Augen der Liebe zu sehen, statt mit meinem wertenden und ängstlichen Blick. Ich danke dir für all deine Segnungen."

ÜBER SHAKTI

Shakti steht für die Kraft und Gewalt der weiblichen Energie. Sie stellt die fundamentale schöpferische Macht dar, die dem Kosmos zugrunde liegt, und ist die energiespendende Kraft hinter allem Göttlichen. Das ganze Universum ist eine Manifestation von Shakti. Sie ist eine multidimensionale Göttin mit vielen Namen, zahlreichen Persönlichkeiten und vielen unterschiedlichen Erscheinungsformen. Shakti repräsentiert die dynamischen, schöpferischen und proaktiven Prinzipien weiblicher Kraft. Am bekanntesten ist Lakshmi, die hinduistische Göttin des Wohlstands, des Lichts, der Weisheit, des Glücks, der Schönheit, des Muts und der Fruchtbarkeit. Sie wird Tochter des Ozeans genannt und häufig als schöne junge Frau dargestellt, die auf einer voll erblühten Lotusblume steht.

KRISHNA

VERBUNDENE KULTUR

hinduistisch

KRISHNA HILFT DIR

- deine Beziehungen zu festigen
- Harmonie zu schaffen
- deinen Seelenverwandten zu finden
- dein Heim zu segnen
- Freude zu empfinden
- Vorurteile abzulegen und Wertungen zu unterlassen
- inneren Reichtum in dein Leben zu bringen

ANRUFUNG

Öffne dein Herz der Gnade, Fülle, Weisheit und Freude, die Krishna bringen wird. Wenn du um seine Hilfe bittest, entzünde eine Kerze, spiele etwas Flötenmusik.

ÜBER KRISHNA

Krishna spielt gern Flöte. Er ist der Überbringer des Friedens und des Lachens. Üblicherweise wird er als junger Prinz dargestellt. In Geschichten über den jungen Krishna geht es um den Wert der Freundlichkeit, darum, dass es wichtig ist, zu erhalten, was du erschaffst, und um die schrankenlose Natur der Weisheit.

Krishna ist die achte Inkarnation des Gottes Wischnu. Er ist die Verkörperung der Liebe, und seine Freude überwindet alles Leiden. Die Liebesgeschichte zwischen Krishna und der jungen Radha wird häufig als das Streben nach der Vereinigung mit dem Göttlichen dargestellt. Krishna und Radha wuchsen zusammen auf, sie spielten, tanzten und wollten für immer zusammenbleiben. Als Krishna fortging, um die Tugend der Wahrheit zu bewahren, wartete sie auf ihn. Die Verbindung zu Krishna ist ohne seine göttliche Partnerin Radha unvollständig.

Krishnas Hauptbotschaft ist die Harmonie. Er bringt allen Menschen das göttliche Wissen um die heiligen Gefilde. Dabei ist er voller Demut und akzeptiert all die unterschiedlichen Pfade. Krishna segnet alle mit seiner Liebe und zerstört die von Unverstand, Vorurteilen und Wertungen geschaffene Dunkelheit. Durch seine Leidenschaft lehrt er uns Selbstbeherrschung und Reinheit. Er glaubt, dass die Liebe als stärkste Macht im Universum jedes Hindernis überwinden kann.

OSHÚN

VERBUNDENE KULTUR
afrikanisch (Yorùbá)

OSHÚN HILFT DIR
- ein Kind zu bekommen
- in allem das Gute zu sehen
- deinen Blutdruck zu senken
- diplomatische Lösungen zu finden
- die Qualität deiner Beziehungen zu verbessern
- deine Sinnesfreuden zu steigern, tiefere sexuelle Befriedigung zu erfahren
- Reichtum zu erlangen

ANRUFUNG
Oshún liebt lebhafte Farben. Schreibe dein Anliegen auf ein Stück Papier und wickle es in ein farbenfrohes Tuch, oder entzünde viele bunte Kerzen. Sitze ganz still, betrachte den Sonnenuntergang und gestatte dir, dich mit dieser schönen und mächtigen Frau zu verbinden. Ihr Lächeln kann die Welt erhellen. Ihr Lachen besänftigt noch das wildeste Untier. Sobald du um ihre Hilfe gebeten und Verbindung zu ihr aufgenommen hast, wird Oshún dir eine Freundin fürs Leben sein.

ÜBER OSHÚN
Oshún ist die Yorùbá-Göttin der Liebe und des Vergnügens, der Schönheit und der Sinnlichkeit. Sie wird dir zeigen, wie du dich der Diplomatie bedienst. Häufig wird sie auch mit Geld in Verbindung gebracht. Oshún bringt den Menschen bei, Schwierigkeiten mit Freundlichkeit und diplomatischem Geschick zu bewältigen. Sie ist eine großherzige Göttin, doch aufgrund ihres aufbrausenden Temperaments auch gefürchtet. Von einem auf den anderen Moment kann ihre Stimmung von einer lauen Sommerbrise in einen tobenden Sturm umschlagen, doch nach dem Sturm bringt sie den Regenbogen hervor. Zuweilen erscheint Oshún als eine alte Frau, die sich über den Verlust ihrer Jugend grämt. Ein andermal wiederum ist sie eine schöne Frau, die mit ihrer Sexualität völlig im Einklang ist.

Ursprünglich war sie eine Flussgöttin, und so wird dir Oshún beibringen, wie du erfolgreich durchs Leben navigieren kannst. Ihr Verhandlungsgeschick wird dir helfen, eine Gehaltserhöhung auszuhandeln oder mit einer nahestehenden Person besser zu kommunizieren.

LAKSHMI

VERBUNDENE KULTUR

hinduistisch

LAKSHMI HILFT DIR

- kreative Lösungen zu finden
- Wohlstand zu erschaffen
- herauszufinden, was für dich der perfekte Beruf ist
- dir ein traumhaft schönes Heim zu schaffen
- zur Liebe deines Lebens Verbindung aufzunehmen

ANRUFUNG

Lakshmi liebt die Farbe Rosa. Versuche eine rosafarbene Lotusblüte aufzutreiben und lass sie in einer Schale mit Wasser schwimmen oder besorge dir eine rosafarbene Schwimmkerze und entzünde sie. Sprich einen Segen, erläutere dein Anliegen und bitte um Lakshmis Rat.

ÜBER LAKSHMI

Lakshmi ist eine hinduistische Göttin, die für Wohlstand und Wohlergehen steht. Sie ist bekannt als die Göttin Mutter Erde, die dem uranfänglichen Milchozean entstieg, dem Urmeer der hinduistischen Mythologie. Als Wischnus Gemahlin wird sie oft gezeigt, wie sie seine Füße wäscht. Im männlichen Gott ist sie die Verkörperung des aktiven weiblichen Prinzips der Shakti.

Lakshmi zeigt dir, wann entschiedenes Handeln geboten ist, und wann es besser ist, die Dinge auf sich beruhen zu lassen. Lakshmi ist eine wundervolle Lehrerin, die in jede Situation Gleichgewicht bringen kann. Sie weiß, wie man entspannt, das Leben genießt und jeden Augenblick auskostet. Ihr Attribut ist die Lotusblüte, das Symbol für spirituelles Wachstum und Erleuchtung.

Am besten wendest du dich an Lakshmi und bittest um ihren Rat, bevor du wichtige Entscheidungen zu treffen hast. Als die Göttin des Reichtums wird sie dir helfen, was immer du haben möchtest, in großer Menge zu erschaffen.

BRAHMA

VERBUNDENE KULTUR

hinduistisch

BRAHMA HILFT DIR

- zu erschaffen, was immer du willst
- inneren Reichtum, Glück, Liebe und Freude hervorzubringen
- dein Leben umzugestalten
- an Körper, Seele und Geist zu gesunden

ANRUFUNG

Will man Brahmas Hilfe in Anspruch nehmen, lässt man traditionellerweise vor einem Bild von ihm Räucherstäbchen abbrennen. Du kannst auch einfach deine Augen schließen und dir vorstellen, wie du vor diesem liebevollen Schöpfungsgott stehst. Bitte ihn in aller Klarheit darum, dir das erschaffen zu helfen, was deinem höchsten Zweck dient, und was dir zu anhaltendem Glück verhilft.

ÜBER BRAHMA

Brahma ist der Schöpfer des Universums. Auf Abbildungen hat er häufig eine rote Hautfarbe, vier Köpfe und vier Arme. Die Köpfe sind in die vier Himmelsrichtungen gewandt. Eine Hand hat er in segnender Geste erhoben. Da er der Gott des Wissens ist, hält er in einer der anderen Hände ein Symbol seiner großen Weisheit. In den anderen beiden hält er meist einen rituellen Zwecken dienenden Schöpflöffel und einen Opferkrug.

Im Leben des Brahma existiert die Welt für einen Tag, einen Kalpa. Wenn sich Brahma am Ende des Tages zur Nachtruhe begibt, die auch genau einen Kalpa lang dauert, wird die ganze Welt zerstört. Sobald er erwacht, erschafft er die Welt aufs Neue. Brahma lebt hundert Jahre lang. In diesem Zeitraum zerfällt die Welt in ihre elementaren Eigenschaften. Mit einem neuen Brahma beginnt der Ablauf aufs Neue.

Brahma ist ein liebender Gott. Er kümmert sich um all seine Schöpfungen. Zusammen mit Wischnu und Schiwa bildet er die Trimurti, die hinduistische Trinität. Er wird dir helfen zu erschaffen, was immer du willst; du musst ihn einfach nur um seine Unterstützung bitten.

QUETZALCOATL

VERBUNDENE KULTUR

aztekisch

QUETZALCOATL HILFT DIR

- Veränderungen in problematischen Situationen herbeizuführen
- in den Lauf der Zeit einzugreifen, sodass du das Unmögliche zuwege bringst
- auf erstaunliche Weise Fülle in dein Leben zu bringen
- die Vergangenheit loszulassen
- dich daran zu erinnern, im Hier und Jetzt zu leben

ANRUFUNG

Quetzalcoatl wird häufig tanzend dargestellt, mit seinem mit Federn besetzten Kopfschmuck. Bewegung ist eine Art, ihn anzurufen. Wiege dich mit rhythmischen Bewegungen hin und her, bis du spürst, wie die Kraft der Schöpfung durch dich hindurchströmt. Du kannst auch deine Wünsche in den Wind rufen.

ÜBER QUETZALCOATL

Quetzalcoatl ist der Schöpfer, der Himmelsgott, der den ursprünglichen Kosmos gestaltet hat, und am endlosen Kreislauf der Schöpfung und Zerstörung der menschlichen Kulturen beteiligt ist. Die derzeitige Menschheit wird für die fünfte gehalten, die den Planeten bevölkert. Quetzalcoatl stieg in die Unterwelt hinab und sammelte die Knochen der Menschen aus früheren Epochen auf. Er versprengte sein Blut über den Knochen und erweckte das gegenwärtige Menschengeschlecht zum Leben. Quetzalcoatl ist auch der Gott des Windes, des Wassers und der Fruchtbarkeit. Er zeigte den Menschen, wie man Mais anbaut, führte die Landwirtschaft ein und schenkte ihnen den Kalender.

Quetzalcoatl hat die Macht zu transformieren und zu erschaffen. Als der Gott des Windes, des Wassers und der Fruchtbarkeit besitzt er die Fähigkeit, dein Leben auf tiefschürfende Weise zu beeinflussen. Als gefiederte Schlange bringt er dir das Geschenk der Erkenntnis. Er kann dir zeigen, wo deine Denkweise das, was du im Leben erfährst, einschränkt, und wo sie Freude und inneren Reichtum erschafft. Häufig wird Quetzalcoatl als der Morgenstern dargestellt, ein Sinnbild für Neuanfänge. Was würdest du in deinem Leben gern aufs Neue beginnen? Welche Samen würdest du gerne aussäen?

DANU

VERBUNDENE KULTUREN

irisch | keltisch

DANU HILFT DIR

- mit dem kindlichen Zauber des Lebens in Kontakt zu treten
- selbst die anstrengendsten Aufgaben spielerisch zu bewältigen
- mehr Freude in deine Beziehungen zu bringen
- ein entlaufenes Haustier wiederzufinden
- deinen Garten gedeihen zu lassen

ANRUFUNG

Geh hinaus in die Abenddämmerung und rufe ihren Namen. Vielleicht siehst du Lichter glitzern oder spürst plötzlich aufkommenden Wind. Schicke deine Hoffnungen und Gebete auf den Flügeln des Windes hinaus, und denke daran, dass Danu alles Leben mit Magie erfüllt.

ÜBER DANU

Danu ist die keltische Göttin des Windes und der Weisheit. Sie ist die Matriarchin der Götter und die Erdgöttin der Fruchtbarkeit, des Reichtums und des Schutzes. Danu ist die älteste der keltischen Göttinnen. Als Irland christianisiert wurde, zogen sich ihre Anhänger in den Wald zurück, um ihre Traditionen fortführen zu können. Schließlich wurden sie zu Elfen, und Danus Legende lebt in ihren fort. Während der Dämmerstunden ist sie am mächtigsten und regt die Vorstellungskraft all derer an, die den Zauber zu dieser Tageszeit sehen können.

Danu ist im Leben der heutigen Menschen sehr präsent. Auch wenn man sie nicht erkennt oder nichts von ihrer Geschichte weiß, hält das Danu nicht davon ab, eine heilende Präsenz zu sein. Viele Menschen sind von Elfen fasziniert, und als solche tritt sie häufig in Erscheinung – als ein märchenhaftes Wesen, das in der Lage ist, unglaubliche Wunder zu wirken.

GANESHA

VERBUNDENE KULTUR

hinduistisch

GANESHA HILFT DIR

- Hindernisse zu beseitigen
- deinen Wohlstand zu mehren
- in künstlerischen Unterfangen und beim Schreiben erfolgreich zu sein
- harmonischere Beziehungen zu führen
- glücklicher zu sein und inneren Frieden zu erlangen
- eine tiefe spirituelle Verbindung aufzubauen

ANRUFUNG

Schreibe Ganesha einen Brief, in dem du ihn um seine Unterstützung bittest. Entzünde ein Räucherstäbchen und verbrenne den Brief. Du kannst etwas sagen wie: „Allerliebster Ganesha, ich heiße dich in meinem Leben willkommen. Möge mein Herz von deiner Liebe und deinem Lachen erfüllt sein, und möge ich stets von deiner Weisheit geführt werden. Bitte beseitige alle Hindernisse auf meinem Weg und gewähre mir den inneren Frieden, mit dem ich meine Reise verstehen und Entscheidungen treffen kann, von denen ich selbst und alle anderen profitieren. Ich danke dir für deine Präsenz und deine Führung. Mögen meine Tage von Lachen erfüllt sein und mein Herz voller Glück. Danke, Ganesha, für deine Hilfe."

ÜBER GANESHA

Der elefantenköpfige Gott Ganesha ist die bekannteste und beliebteste Gottheit im Hinduismus. Er ist als der Gott der Hindernisse bekannt. Mühelos kann er jedes Hindernis auf deinem Weg beiseiteräumen oder dir eines in den Weg legen. Er ist der Gott des Intellekts, seine Gefährten sind die Weisheit, der Wohlstand und der Erfolg. Ganesha ist ein gütiger Gott. Zu Beginn eines jeden Rituals wird Ganesha liebevoll die Ehre erwiesen und im Gebet wird er als Erster angerufen. Er wird dir inneren Frieden, Erfolg bei Unternehmungen, Erleuchtung und Intelligenz bringen. Er ist auch als der Gott der Bildung, der Weisheit, der Literatur und der Künste sowie als der Herr über Licht und Hoffnung bekannt. Man nennt ihn den lachenden Gott – die Chancen stehen also nicht schlecht, dass du dich besser fühlst, wenn du dich an ihn wendest.

HEKATE

VERBUNDENE KULTUREN
griechisch | keltisch

HEKATE HILFT DIR
· deine mystische Veranlagung zu nutzen
· deine Gedanken zu beeinflussen
· deine Träume zu verwirklichen
· leicht und schmerzfrei zu gebären
· neue Möglichkeiten zu erschließen
· dein verwundetes Selbst zu heilen

ANRUFUNG
Suche dir in einer Vollmondnacht draußen in der Natur eine Stelle, von der aus
du den aufgehenden Mond beobachten kannst. Während er aufgeht, strecke
dich nach ihm aus und rufe Hekates Namen. Erkläre dein Anliegen und trage
es in deinem Herzen, während du den Mond betrachtest. Wenn er fast seinen
höchsten Stand erreicht hat, bedanke dich bei Hekate für ihren Rat und ihre
Liebe und sei dir gewiss, dass sie dir machtvoll zur Seite stehen wird.

ÜBER HEKATE
Hekate ist die Göttin der Wildnis und der Geburt. Die geheimnisumwitterte
Göttin ist die einzige, die mächtig genug ist, um in alle drei Welten zu reisen:
in den Himmel, zur Erde und in die Unterwelt. Sie ist eine mächtige, hand-
lungsorientierte Göttin. Hekate wird auch mit Mystik und Magie in Verbindung
gebracht. Im Wandel der Zeiten hat sie viele Rollen innegehabt. Sie wird auch
Wächterin der Pforte, Lichtbringerin, Hüterin der Kinder und Mutter aller auf
der Erde lebenden Wesen genannt. Ihre Herkunft liegt im Dunkeln, doch ihre
Rolle als machtvolle schöpferische Kraft ist offenkundig. Sie wird dich auffordern, die Wildnis deines Unbewussten zu betreten und all deine überkomme-
nen Glaubenssätze über Bord zu werfen. Sie wird das Licht der Liebe an die Orte
der Dunkelheit in deinem Verstand und deiner Seele bringen. Das Geschenk,
das sie für dich bereithält, wenn du bereit bist, es anzunehmen, ist die Freiheit.

CHICOMECOATL

VERBUNDENE KULTUR

aztekisch

CHICOMECOATL HILFT DIR

- deinen Wohlstand zu mehren
- Kinder zu haben und ein Heim voller Liebe und Freude zu erschaffen
- eine erfüllende Arbeit zu finden
- jegliche schöpferische Unternehmung anzugehen

ANRUFUNG

Chicomecoatl ruft man am besten an, wenn man sich gerade unbeschwert fühlt. Erläutere ihr dein Anliegen und bitte sie um ihren Rat. Du kannst auch ein Bündel aus getrockneten bunten Maiskolben auf deinen Tisch legen und Chicomecoatl darum bitten, dein Heim und dein Leben zu segnen.

ÜBER CHICOMECOATL

Chicomecoatl ist die aztekische Göttin des Maises. Sie wird auch Göttin der Nahrung und der Reichhaltigkeit genannt. Ihr zu Ehren wurde jeden September ein junges Mädchen geopfert. Chicomecoatls Symbol ist ein Maiskolben. Chicomecoatl stellt den Zyklus aus Anpflanzen, Ernten und Neubepflanzen sowie den menschlichen Lebenszyklus aus Geburt, Tod und Wiedergeburt dar. Das Leben der Azteken drehte sich um den Mais, eine ihrer Hauptnahrungsquellen. Ein einzelner Maiskolben hat viele Körner, von denen sich jedes einzelne fortpflanzen und eine große Menge neuen Lebens hervorbringen kann, weshalb er auch einen symbolischen Stellenwert hat. Aus Ehrfurcht vor und Liebe zu ihrer Maisgöttin opferten die Menschen Chicomecoatl stets das hübscheste Mädchen im Dorf.

Welche Bereiche deines Lebens könnten mehr Liebe und Aufmerksamkeit gebrauchen? Du musst deine Wünsche und Bedürfnisse nicht opfern, um dich geliebt zu fühlen. Wenn du Chicomecoatl anrufst, wird sie dir zeigen, wie du in deinem Leben eine unglaubliche Ernte einbringst – eine Ernte der Liebe, des Überflusses und der Freude.

IXCHEL

VERBUNDENE KULTUR

Maya

IXCHEL HILFT DIR

- dein gebrochenes Herz zu heilen
- ein hübsches und gesundes Kind zur Welt zu bringen
- problemlos mit den Wechseljahren klarzukommen
- ein erfolgreiches, fröhliches und erfülltes Leben aufzubauen

ANRUFUNG

Lass dich vom Licht des Mondes bescheinen und stell dir vor, wie du von Ixchels Liebe umfangen wirst. Sprich deine tiefsten Wünsche und Träume frei heraus. Bitte Ixchel um ihre Hilfe, ein Leben zu verwirklichen, das dem Göttlichen in dir angemessen ist. Ixchel ist eine uralte Göttin, die imstande ist, umfassende Heilung zu bewirken. Indem du dich an sie wendest, öffnest du dich einer mächtigen, heilenden Kraft.

ÜBER IXCHEL

Ixchel ist die Maya-Göttin der Erde und des Mondes und die Schutzpatronin der Schwangeren. Sie besitzt eine Vielzahl von Erscheinungsformen, eine für jede Lebensphase eines Menschen. Als zunehmende Mondsichel ist sie die Göttin der Fruchtbarkeit und damit für junge Frauen von Bedeutung. Als abnehmender Mond werden ihr das Altern und der Verlust der Fruchtbarkeit zugeschrieben. Ixchel erfand die Kunst des Webens. Man kennt sie auch als die Göttin des Regenbogens, die dem Land lebensspendendes Wasser bringt. Sie ist die Göttin aller Seelen, die Beschützerin der Neugeborenen und die Wächterin der Seelen der Toten. Ixchel wird dir helfen, ein glücklicheres und freieres Ich hervorzubringen. Sie wird dir helfen, alles zu verwandeln. Sie hat ein unglaublich liebendes Herz und kann das tiefste Innere deines Wesens berühren, um dir zu helfen, die Vergangenheit vollständig loszulassen. Sie erinnert die Menschen daran, dass es nicht nötig ist, die Schmerzen der Vergangenheit mit sich herumzutragen. Die Vergangenheit ist nur eine Erinnerung, und die Zukunft muss erst noch zur Realität werden. Ixchel fordert dich auf, den gegenwärtigen Augenblick mit Freude zu füllen, um dadurch eine freudvolle Zukunft zu erschaffen.

ÁINE

VERBUNDENE KULTUR

irisch

ÁINE HILFT DIR

- ein Kind zu empfangen
- zu gesunden, wenn du Opfer eines Missbrauchs geworden bist
- sexueller Belästigung ein Ende zu setzen
- inneren Reichtum und Liebe anzuziehen
- deinen Garten gedeihen zu lassen
- die Einhaltung von Schwüren durchzusetzen

ANRUFUNG

Um Áine anzurufen, warte möglichst bis zum Vollmond. Geh hinaus ins Mondlicht und rufe ihren Namen. Bitte um ihre Hilfe und lass zu, dass das Mondlicht dich erfüllt. Flüstere deine Wünsche in den Wind, und du kannst dir sicher sein, dass Áine ihre Zauberkraft einsetzen wird, um sie zu verwirklichen.

ÜBER ÁINE

Áine ist die Göttin der Liebe und der Fruchtbarkeit. Sie ist auch bekannt als Königin der Elfen der irischen Provinz Munster. In einigen Mythen war sie eine sterbliche Frau, die von einem Elfen getäuscht und verzaubert und so zur Göttin wurde. Áine mochte die Menschen und schlief oft mit sterblichen Männern. Dadurch entstanden Elfenkinder. Sie war die ursprüngliche Sonnengöttin und wurde auch als Mondgöttin angesehen. Als Göttin der vier mächtigen Elemente Erde, Luft, Wasser und Feuer ist Áine eine Gewalt, auf die man zählen kann. Es ist Tradition, in der Johannisnacht mit Fackeln durch die Felder zu ziehen, um ihr zu huldigen. Áine animiert die Menschen, einander zu lieben und weiß, dass die Liebe eine der mächtigsten Kräfte auf diesem Planeten ist. Áine weiß alles über Magie, weshalb es gut ist, diese Göttin an seiner Seite zu haben. Sie wird dir zeigen, wie du Wohlstand und inneren Reichtum erschaffen kannst. Áine achtet darauf, dass alle Schwüre eingehalten werden. Sie wird dir dabei helfen, dich von ungeeigneten Partnern zu befreien und liebevolle Partner zu finden. Ihre Symboltiere sind der Hase und der Schwan. Als Göttin der Fruchtbarkeit hat sie Macht über Feldfrüchte und Tiere.

SOPHIA

VERBUNDENE KULTUR

griechisch

SOPHIA HILFT DIR

- deinen Wohlstand zu mehren
- Verhandlungen zu erleichtern
- deinen Seelenverwandten zu finden
- Verbindung zu all deinen Talenten und Gaben herzustellen
- Vorurteilen und Ignoranz ein Ende zu bereiten

ANRUFUNG

Sophia ist die Mutter der Schöpfung, daher wendest du dich am besten in den frühen Morgenstunden an sie. Stehe kurz vor Tagesanbruch auf und schau dir den Sonnenaufgang an. Rufe sie an und bitte sie aufrichtig um ihre Hilfe. Atme tief ein, bis du spürst, wie der Atem ins tiefste Innere deines Wesens dringt, und bitte sie darum, dich mit ihrer Weisheit und Stärke zu segnen.

ÜBER SOPHIA

Sophia ist die Göttin aller Weisheit. Ihr Symboltier, die Taube, verkörpert den reinen Geist. Sophia ist von Sternen gekrönt, die auf ihre absolute Göttlichkeit hinweisen. Sie findet in vielen Traditionen Erwäh-nung und trägt viele Namen, darunter die Schwarze Göttin, die Göttliche Weiblichkeit und Gottesmutter. Für die gnostischen Christen war sie die Mutter der Schöpfung, und ihr Gemahl war Jehovah. Die Göttin Sophia war der Anfang, die Quelle der Weisheit und Hüterin des Wissens von allem Gerechten und Rechtschaffenen. Wenn weltliche Herrscher ihre profunde Weisheit anerkennen und ihren Rat annehmen, führen sie ihre Länder zur Blüte. Wenn ihre Liebe und Weisheit missachtet werden, gedeihen Dunkelheit und Unverstand und Staaten gehen zugrunde. Sophia wurde in der Stille aller Weisheit geboren. Sie brachte sowohl das Männliche als auch das Weibliche hervor, die gemeinsam das gesamte physische Universum entstehen ließen. Sophia verleiht der menschlichen Erfahrung einen tieferen Sinn. Sie weiß, dass man ungeahnte Schätze entdecken kann, wenn man die Dinge aus einem größeren Abstand heraus betrachtet. Wenn du einen Schritt zurücktrittst und eine emotionale Distanz gewinnst, kannst du selbst aus den traumatisierendsten Erfahrungen noch Kraft gewinnen.

MAAT

VERBUNDENE KULTUR

ägyptisch

MAAT HILFT DIR

- Streitigkeiten gütlich beizulegen
- in emotionaler und physischer Hinsicht Ordnung in dein Heim zu bringen
- deinen Menstruationszyklus zu regulieren
- Aufrichtigkeit in all deine Beziehungen zu bringen
- die Welt aus einem breiteren Blickwinkel heraus zu betrachten

ANRUFUNG

Maat wird häufig mit einer Straußenfeder dargestellt oder durch eine solche repräsentiert. Sie ist stets bereit, jedem zu helfen. Wenn du möchtest, dass sie regelmäßig in deinem Leben präsent ist, besorge dir ein paar Straußenfedern und stelle sie an einen Ort, an dem du sie oft sehen kannst.

ÜBER MAAT

Maat ist die Göttin der Ausgewogenheit, der Wahrheit und der Ordnung. Die Ägypter glaubten, dass das Universum ein geordneter, vernünftiger und ausbalancierter Ort ist, an dem Vorhersagbarkeit und Regelmäßigkeit herrschen, Reinheit und gute Taten belohnt und Sünden bestraft werden. Maat ist eine geflügelte Göttin und die Richterin der Unterwelt. Sie pflegte die Herzen der Toten zu wiegen; hatte der Mensch gelogen oder betrogen, wurde sein Herz von einem Dämon verspeist und er starb für immer. Wurde er für gerecht befunden, gestand man ihm ein Weiterleben im Jenseits zu. Maat hatte solchen Einfluss, dass ihr Name ein Synonym für Ehrlichkeit und Gerechtigkeit war. Maat wird dir helfen, über die einschränkende Vorstellung einer auf Dualität basierenden Welt hinauszugehen. Sie wird dir helfen, dein Leben aus einer sehr viel breiteren Perspektive zu bewerten, die anerkennt, dass alles eine Einheit ist und eine Verbindung zwischen allem und jedem besteht.

YEMAYA

VERBUNDENE KULTUR

afrikanisch (Yorùbá)

YEMAYA HILFT DIR

- ein Kind zu empfangen
- eine sichere und schmerzfreie Geburt zu haben
- dich vor Untreue zu schützen
- ein liebevolles Heim zu erschaffen
- dich sicher und umsorgt zu fühlen, wo immer du sein magst
- vor sexuellen Übergriffen geschützt zu sein

ANRUFUNG

Eines von Yemayás Geschenken an die Menschen war die Muschel, in der ihre
Stimme immer zu hören war. Besorge dir eine große Muschel und halte sie dir
ans Ohr. Lausche auf das sachte Flüstern von Yemayá. Bitte sie um ihre Führung
und ihren Schutz. Sie ist eine fürsorgliche und mächtige Verbündete; stell die
Muschel also so auf, dass sie dir oft ins Auge fällt, und rufe Yemayá dann an.

ÜBER YEMAYA

Yemayá ist die ultimative Muttergöttin. Sie repräsentiert Ebbe und Flut des
Lebens und steht damit sowohl für die Beständigkeit als auch den endlosen
Wechsel der Jahreszeiten. In Nigeria war sie ursprünglich eine Flussgöttin.
Als ein Naturgeist ist sie für Heim, Fruchtbarkeit, Liebe und Familie zuständig.
Sie bringt Leben hervor, beschützt und erleichtert Veränderungen, sollten sie
nötig sein. Yemayás sanfte Wellen umfangen die überreichen Lebensformen
des Meeres. Als die Sklavenhändler Yemayás Volk entführten, reiste sie auf den
Sklavenschiffen mit ihm. Sie tröstete es in seinem Leid und half den Menschen,
sich an ihre neuen Lebensumstände in weit entfernten Ländern anzupassen.
Um ihr Volk begleiten zu können, wurde sie zur Göttin des Ozeans.

Yemayá steht für die mütterliche Liebe und Fürsorge. Sie ist untrennbar mit den
Belangen von Frauen verbunden. Yemayá ist die Göttin der Fruchtbarkeit, der
Kinder, des Gebärens und des Heims. Sie beschützt die Familie und ist als barm-
herzige, liebende und fürsorgliche Göttin allen Notleidenden ein tiefer Ozean
des Trostes. Yemayá wird die Farbe Azurblau zugeordnet sowie Weiß und Silber.
Abbildungen zeigen sie als schöne Frau oder als Meerjungfrau.

ISCHTAR

VERBUNDENE KULTUR

mesopotamisch

ISCHTAR HILFT DIR

- eine inspirierte Liebhaberin zu sein
- besseren Sex zu haben
- ein fürsorgliches Umfeld zu schaffen
- deine Weiblichkeit anzunehmen
- deine familiären Beziehungen zu verbessern
- schwanger zu werden

ANRUFUNG

Umgib dich mit Ischtars Symbolen, mit Sternen, mit dem Mond, dem Löwen und der Taube. Sie liebt den Klang von Trommeln, halte also eine Trommel zwischen deinen Beinen und spiele sie voller Hingabe. Spüre, wie der Klang der Trommel in deinem Körper nachhallt, und bitte Ischtar um ihre Hilfe. Gestatte dir, die Wärme ihrer Liebe und die Güte ihrer Führung zu spüren.

ÜBER ISCHTAR

Ischtar war die antike babylonische Göttin der Liebe, der Fruchtbarkeit, der Leidenschaft und der Sexualität. Ischtar erinnert die Menschen daran, einen Augenblick innezuhalten, sich mit der freudigen Energie der Leidenschaft zu verbinden und nicht zu vergessen, dass Ischtar diejenige ist, die sie in dein Leben bringt. Manchmal wird Ischtar als herzlose Frau dargestellt, die ihre Liebhaber ermordet. Ansonsten wird sie abwechselnd als der Inbegriff der ultimativen Frau gesehen, als teilnahmsvolle Partnerin, fürsorgliche Mutter, inspirierte Liebhaberin, verspielte Gefährtin und leidenschaftliche Bettgenossin. Am leidenschaftlichsten wird Ischtar bei Vollmond verehrt, wenn sie die Menschen auffordert, sich unbekümmert dem Liebesspiel hinzugeben, und Frauen dazu einlädt, ihr Frausein zu zelebrieren. Christen ließen Ischtar zur Jungfrau Maria werden und verleibten sie ihren religiösen Gebräuchen ein. Du kannst Ischtar anrufen, wenn du das Gefühl hast, nicht genug geschätzt oder in irgendeiner Form verurteilt zu werden. Wenn du dich von deinem Partner oder Chef ausgenutzt fühlst, bitte Ischtar darum, dir Beistand zu leisten. Sie wird alle daran erinnern, welch ein unglaubliches Lichtwesen du in Wirklichkeit bist.

GUANYIN

VERBUNDENE KULTUREN

ostasiatisch

GUANYIN HILFT DIR

- dich von Schamgefühl zu befreien
- Mitgefühl und Güte zu entwickeln
- schwanger zu werden
- dich mit deiner Weiblichkeit zu verbinden
- deinen Ärger in positive Energie zu verwandeln
- Freude zu empfinden
- physisch, mental und spirituell zu gesunden
- Vegetarier zu werden

ANRUFUNG

Guanyin hört alle Gebete, es ist somit nicht schwer, mit ihr in Verbindung zu treten. Ihr Attribut ist eine geöffnete Lotusblüte. Also hältst du am besten eine Blume in der Hand, wenn du mit ihr in Kontakt trittst. Führe dir vor Augen, was genau dein Problem ist, dann rufe sie an. Du kannst etwas sagen wie: „Guanyin, hilf mir, mein Leben durch deine Augen zu sehen, die voller Liebe und Mitgefühl sind. Mögen alle Bereiche meines Lebens von deiner Weisheit und Gnade umarmt und durch deine Liebe verwandelt werden. Leite mich jetzt und immerdar."

ÜBER GUANYIN

Guanyin ist die Göttin des Mitgefühls und der Güte. Ihr Name bedeutet: „Eine, die das Weinen der Welt hört." In vielen Abbildungen steht sie auf einem Drachen, dem uralten Symbol für Spiritualität, Weisheit, Stärke und die Macht der Verwandlung. Guanyin ist die Göttin der Barmherzigkeit. Indem du sie einfach aufrichtig und mit einem offenen Herzen anrufst, kannst du Wiedergeburt und Erneuerung erfahren. Sie ist ein wahrhaft erleuchtetes Wesen, das geschworen hat, so lange auf der Erde zu bleiben, bis auch alle anderen Wesen Erleuchtung erlangt haben. Sie ist eine jungfräuliche Göttin, die Frauen beschützt und jeder Frau, die einen Kinderwunsch hat, zu einem Kind verhilft. In Darstellungen ist Guanyin immer schön und von menschlicher Gestalt. Sie ist eine Göttin, die allen zugänglich ist. Sie verströmt eine süße, liebevolle und sanftmütige Weiblichkeit voller Kraft und Stärke. Sie lehrt uns, dass wir kraftvoll sein sollen, ohne dabei in dieser Welt voller Gewalt verletzend zu werden.

WISCHNU

VERBUNDENE KULTUR

hinduistisch

WISCHNU HILFT DIR

- dich dir selbst mit neuer Hingabe zu widmen
- tief und fest zu schlafen und dich an deine Träume zu erinnern
- eine verlorene Liebe wiederzufinden

ANRUFUNG

Wischnu liebt die Schönheit, die Harmonie und die Ordnung. Du kannst ihm einen Brief schreiben und ihn einfach um seine Hilfe bitten. Wenn du magst, kannst du eine blaue oder gelbe Kerze entzünden und den Brief verbrennen.

ÜBER WISCHNU

Wischnu ist einer der wichtigsten Götter des Hinduismus. Er wird als der „Bewahrer des Universums" angesehen, der die universellen Gesetze aufrechterhält. Er ist beständig mit der Schöpfung beschäftigt und stellt sicher, dass alles seine Ordnung hat. Wenn im Universum Ordnung vorherrscht, schläft Wischnu. Er treibt auf dem kosmischen Ozean, während sich aus seinen Träumen das Universum entwickelt. Herrscht Chaos im Universum, erwacht Wischnu und kämpft entweder selbst mit den Mächten des Chaos oder entsendet eine seiner Inkarnationen, um die Welt zu retten.

Wischnu wird mit einem blauen Körper dargestellt, da Blau das Unendliche symbolisiert. Die Girlande um seinen Hals ist ein Symbol für die Anbetung, die er erfährt; die Krone steht für seine Macht und Autorität. Seine beiden Ohrringe stehen für die duale Beschaffenheit seiner Schöpfung. Wischnu ist in gelb gekleidet, was seinen Kampf für Gerechtigkeit und die Zerstörung des Bösen versinnbildlicht. Üblicherweise hat er vier Arme und hält eine Muschel, eine Lotusblüte, ein Zepter und eine Scheibe in den Händen. Die Muschel repräsentiert Wischnus Beziehung zu den Urgewässern der Schöpfung. Die Lotusblüte ist ein Symbol für spirituelle Entwicklung und kosmische Harmonie. Das Zepter steht für Macht und Autorität. Die Scheibe symbolisiert die Sonne und spirituelle Erleuchtung. Wischnu ist der Gott der Liebe und des Erschaffens. Er wird dir zeigen, wie du Ordnung in dein Leben bringst und Harmonie und Ausgewogenheit findest.

MEBD

VERBUNDENE KULTUR

irisch

MEBD HILFT DIR

- inneren Reichtum in dein Leben zu bringen
- einschränkende Überzeugungen abzulegen
- Liebe zu finden
- bessere Entscheidungen zu treffen
- dein Leben zu organisieren

ANRUFUNG

Mebd liebt die grünen Hügel Irlands. Entzünde eine grüne Kerze und rufe ihren Namen. Bitte sie darum, dir erkennen zu helfen, wie deine Entscheidungen dein gegenwärtiges Leben geprägt haben und wie du neue Weichen stellen kannst. „Mebd, hilf mir, mein Leben aus deiner unbegrenzten Perspektive zu sehen, damit ich alle Überzeugungen ablegen kann, die meine Lebenserfahrungen beschränken. Lass mich an deinem mystischen Wissen teilhaben, damit ich das Leben als Ganzes annehmen kann. Hilf mir, mit Leidenschaft zu lieben, und mein Leben unumschränkt in die eigenen Hände zu nehmen."

ÜBER MEBD

Mebd ist eine der großen Göttinnen der keltischen Mythologie. Ursprünglich war sie die Göttin, die über Irland und sein mystisches Zentrum Tara herrschte. Mebds Name bedeutet „berauschend", und ihre Schönheit und sexuellen Fähigkeiten sind genau das. Mebd lehrt die Menschen, dass das Land heilig ist und gemahnt sie daran, dass es ihnen anvertraut ist. Die Erde ist nicht etwas, das man besitzt und ausbeuten kann, sie muss vielmehr gepflegt und geliebt werden. Mebd ruft dich dazu auf, die volle Verantwortung für dein Leben zu übernehmen. Sie macht deutlich, dass Verantwortung zu tragen nicht heißt, an etwas schuld zu sein, sondern lediglich für seine Entscheidungen einzustehen. Es geht darum, sich auf das Leben einzustellen, statt nur darauf zu reagieren. Mebd ermuntert dich, Herrscherin über dein eigenes Leben zu werden. Sie fordert dich auf, dir deiner Überzeugungen bewusst zu werden und darauf zu achten, keine Entscheidungen zu treffen, die nicht mit dem vereinbar sind, was du erschaffen willst.

ATHENE

VERBUNDENE KULTUR

griechisch

ATHENE HILFT DIR

- bei finanziellen Unternehmungen Erfolg zu haben
- weise Entscheidungen zu treffen
- deine Kreativität zu steigern
- dein Modebewusstsein zu verbessern
- dir ein geschmackvolles Heim zu schaffen

ANRUFUNG

Um Athene anzurufen, zünde eine rote und eine weiße Kerzen an und bitte dabei um ihren Rat. Lade sie in dein Leben ein und warte ab. Sie ist eine machtvolle Kraft und wird dir bald helfen, alle notwendigen Veränderungen umzusetzen.

ÜBER ATHENE

Athene ist die Göttin der Weisheit, der Künste, des Gewerbes, der Gerechtigkeit und des Krieges. Sie brachte den Menschen bei, die feinsten Stoffe zu weben, und hob die Handwerkskünste auf ein ungeahntes Niveau. Als Kriegsgöttin brachte sie den Menschen bei, diszipliniert und strategisch vorzugehen. Sie verabscheute Brutalität, weshalb sie Krieg lediglich zum Zwecke der Verteidigung von Heim und Herd unterstützte. Athene erfand die Kandare und zeigte den Menschen, wie sie damit Pferde zähmen konnten. Als Symbol wird ihr häufig die Eule zugeordnet und der wichtigste ihr geweihte Tempel war der Parthenon. Sie war die erste jungfräuliche Göttin und entsprang in der Kleidung ihrer Mutter und mit einem Helm auf dem Kopf dem Schädel ihres Vaters. Athene ist eine leidenschaftliche Kämpferin, doch vor allen Dingen ist sie die Göttin der Stadt, Beschützerin der Familie und der erlesenen Aspekte der menschlichen Kultur. Man sieht sie als die Verkörperung der Weisheit, der Vernunft und der Reinheit. Athene ist die allwissende Göttin, und ihr Rat ist fundiert und kann zu tiefschürfenden Veränderungen führen. Sie hat Stil und wird dir, wenn du sie anrufst, zeigen, wie du Schönheit und Freude in dein Leben bringen kannst. Dass sie den Menschen den Olivenbaum geschenkt hat, zeigt, dass sie, obwohl sie die Göttin des Krieges ist, auch vom Frieden eine Menge versteht.

SARASVATI

VERBUNDENE KULTUR
hinduistisch

SARASVATI HILFT DIR
- Noten, Lyrik oder sogar eine Semesterarbeit zu schreiben
- Zugang zu uralten Weisheiten zu bekommen
- deinen Geist zu beruhigen
- ein Kind zu empfangen
- deine Kreativität zu steigern
- bei Prüfungen gut abzuschneiden

ANRUFUNG
Saraswati ist eine elegante Göttin, die schöne Dinge und beruhigende Musik liebt. Bevor du sie um ihre Hilfe bittest, schaffe ein wohltuendes und einladendes Umfeld. Sobald du das Gefühl hast, bereit zu sein, rufe dreimal leise ihren Namen, warte einen Augenblick und rufe ihren Namen dann erneut, diesmal ein wenig lauter. Du wirst ihre Antwort spüren. Bleib einfach offen für ihre Liebe.

ÜBER SARASVATI
Saraswati ist die hinduistische Göttin der Künste. Sie brachte den Menschen die Gabe des Schreibens; so konnten sie Saraswatis Lieder aufschreiben und erhalten. Sie hat vier Arme, mit denen sie Laute oder Trommel spielt und den Menschen kostbare Segnungen schenkt. Sie ist eine vornehme Göttin, und ihre Worte gleichen einem lieblich dahinströmenden Fluss. Wenn du nur auf Reichtum aus bist, lass dir gesagt sein, dass du bei Saraswati leer ausgehen wirst. Saraswati ist auch die Göttin des Lernens, der Intelligenz, des Handwerks, der Kunst und der Geschicklichkeit. Sie verkörpert das Wissen schlechthin. Daher wird sie von vielen Studenten ihrer Segnungen wegen verehrt. Auf Abbildungen hat sie oft eine helle Hautfarbe. Sie sitzt auf einer Lotusblüte, was sinnbildlich dafür steht, dass sie in dem Wissen um die absolute Wahrheit verankert ist, und kann dir zeigen, wie du diese Wahrheit unmittelbar erfahren kannst. In einer ihrer rechten Hände hält Saraswati eine Gebetskette, und in einer ihrer linken ein Buch über das weltliche Wissen. Ihre vier Arme sind Zeichen ihrer unbegrenzten Macht. Saraswati repräsentiert ferner die Kreativität und steht für ein Zusammenwirken von Kraft und Intelligenz. Sie wird auch als die Mutter des Universums angesehen und mit Fruchtbarkeit in Zusammenhang gebracht.

HESTIA

VERBUNDENE KULTUR

griechisch

HESTIA HILFT DIR

- das Heim betreffende Angelegenheiten zu klären
- juristische Probleme zu lösen
- Zeremonien jeder Art durchzuführen
- deine Verbindung zur Spiritualität zu vertiefen

ANRUFUNG

Traditionell wurden Hestia Speisen als Gabe dargeboten. Du kannst einen Korb mit Lebensmitteln herrichten, bevor du sie um ihre Unterstützung bittest, und ihn dann vielleicht einem Obdachlosenasyl spenden. Ordne deine Gedanken und sag dann einfach: „Hestia, bitte hilf mir bei [erläutere dein Problem]."

ÜBER HESTIA

Hestia ist die Göttin des heimischen Herdes. Als Göttin des Opferfeuers hält sie die öffentliche Verehrung der Götter aufrecht. Im antiken Griechenland wurde Hestia zu Beginn und am Ende aller öffentlichen Zeremonien angerufen. Im Zentrum der Stadt wurde Hestias heiliges Feuer unterhalten, um die Menschen an ihre Gegenwart und die Bedeutung des Zuhauses zu gemahnen. Wer Schutz vor der Regierung benötigte, ging zum Opferfeuer und bat um ihre Hilfe. Das heilige Feuer im Tempel von Delphi war das Zentrum des religiösen Lebens im antiken Griechenland.

Hestia ist eine sanftmütige Erscheinung. In Kunstwerken wird sie allerdings häufig mit ernstem Gesichtsausdruck dargestellt, der den Betrachter an den ehrwürdigen Charakter ihrer Aufgabe erinnert. Sie wird dir helfen, dich mit der Macht, dem Wunder und dem Zauber der mystischen Gefilde des göttlichen Universums zu verbinden. Um ein harmonisches Familienleben zu gewährleisten, stell irgendwo in deinem Heim eine kleine Statue von ihr auf. Interessierst du dich für Politik, wird sie dir helfen, dass der Kandidat deiner Wahl gewählt wird, einer, der den Menschen wirklich von Nutzen ist. Sie hilft auch dabei, nachlässige und korrupte Regierungsbeamte aus dem Amt zu vertreiben.

LA'A MAOMAO

VERBUNDENE KULTUR

hawaiianisch

LA'A MAOMAO HILFT DIR

· alles abzuschütteln, was dir nicht länger dienlich ist
· beim Umzug in ein neues Zuhause
· den Beruf zu wechseln
· eine neue Liebe zu finden

ANRUFUNG

Geh nach draußen und spüre den Wind. In jeder Silbe und in jedem Satz bergen deine Worte die Macht der Schöpfung. Atme tief ein und rufe: „La'a Maomao." Dann übergib dein Anliegen dem Wind, und lass ihn die Worte in den Kosmos tragen. Wenn du Probleme hast, die du meinst, nicht lösen zu können, stell dich in den Wind. Spüre, wie La'a Maomao durch dich hindurchfahrt. Wehre dich nicht, stell dir einfach vor, wie der Wind durch deinen Körper weht und dich von allem befreit, was dir nicht länger nützt.

ÜBER LA'A MAOMAO

La'a Maomao ist die Göttin der hawaiianischen Winde. Die Hawaiianer waren Reisende, weshalb die Winde in ihrem Leben eine so große Bedeutung hatten. Jeder Wind hat einen anderen Namen, und es heißt, dass man ihn befehligen kann, wenn man seinen Namen kennt und weiß, wie man ihn anruft.

La'a Maomao erinnert dich daran, dass deine Tage auf diesem Planeten gezählt sind. Sie legt dir nahe, jeden einzelnen Moment auszukosten. La'a Maomao kann bis ins tiefste Innere deines Wesens dringen und deine Seele berühren, und dich daran erinnern, wer und was du bist. Wenn du das nächste Mal nach draußen gehst, achte auf den Wind. Rufe La'a Maomao an und spüre ihre sanfte Erwiderung. Widme dem Beobachten der Winde etwas Zeit. Sieh zu, wie sie ein Blatt oder ein Stück Papier aufwirbeln. Der Wind ist eine sehr mächtige Kraft auf diesem Planeten, genau wie La'a Maomao. Bitte sie, dir dabei zu helfen, deinen Platz im Kosmos zu finden, und dich zugehörig zu fühlen, als Teil der Wunder und Zauber, die das Leben ausmachen.

THOTH

VERBUNDENE KULTUR

ägyptisch

THOTH HILFT DIR

- · vernünftige Kompromisse zu finden
- · zu schreiben und deine Kreativität zu steigern
- · auf deine Intuition zu hören
- · dich mit deiner göttlichen Weisheit zu verbinden
- · Magie und Wunder anzuziehen

ANRUFUNG

Wenn du Thots Weisheit und Zauber bedarfst, geh nach draußen und stell dich ins Mondlicht. Hebe die Hände über den Kopf, rufe mit offenem Herzen seinen Namen und lade ihn in dein Leben ein.

ÜBER THOTH

Thot ist der Gott der Weisheit, der Erfinder der Schrift, Schutzpatron der Schreiber und der göttliche Schlichter. Er ist eine Mondgottheit und wird üblicherweise mit einer Mondsichel auf dem Kopf abgebildet. Er schätzt die Weisheit und ist Hüter des göttlichen Wissens. Thots Weisheit war bei vielen Göttern gefragt. Häufig war er beim Totengericht zugegen. Er ist ein sehr mächtiger Gott, der sich der Liebe, der Dankbarkeit, den Wundern des Göttlichen und den magischen Eigenschaften des Universums verschrieben hat.

Die Ägypter hielten Thots magische Fähigkeiten für so groß, dass sie glaubten, er habe das mythische Buch Thot verfasst. Wenn ein Mensch dieses heilige, von Thot eigenhändig geschriebene Buch läse, würde er zum mächtigsten Zauberer der Welt werden. Es soll ein gefährliches und todbringendes Buch gewesen sein. Wenn der Leser die darin enthaltene Weisheit nicht begriffe, brächte das Buch bloß Schmerz und Unglück. Verstünde der Leser die Geheimnisse der Götter jedoch – diese Geheimnisse, die angeblich in den Sternen verborgen sind –, würden Magie und Wunder Einzug in sein Leben halten. Thots geheime Botschaft ist jene der Liebe und der Dankbarkeit. Er weiß, dass das Leben ein heiliges und göttliches Geschenk ist. Es gibt keine Prüfungen oder Probedurchläufe, bloß Gelegenheiten, bei denen ein Mensch entweder die Verbindung zu seinem Geist vertiefen oder in seinem eingeschränkten kleinen Selbst verharren kann.

DIE GROSSE MUTTER

VERBUNDENE KULTUREN

verschiedene

DIE GROSSE MUTTER HILFT DIR

- deinen rastlosen Verstand zu beruhigen
- deine Spiritualität anzunehmen
- eine harmonische Familie zu haben
- dich mit deiner inneren Weisheit zu verbinden
- deine Intuition zu verbessern
- dein Leben mit Synchronizität (im Sinne C. G. Jungs) zu erfüllen

ANRUFUNG

„Große Mutter, ich lade dich in mein Leben ein. Ich heiße deine Liebe, Weisheit und Führung willkommen. Bitte zeige mir den Weg zum Glück und zur Weisheit. Bring dein Lachen in mein Leben, damit ich mein Glück finden und mein Leben mit deiner Liebe erfüllen kann. Ich danke dir für all die Geschenke, die du mir hast zuteilwerden lassen, und öffne dir mein Herz und meine Seele."

ÜBER DIE GROSSE MUTTER

Die Große Mutter hat viele Namen und findet sich in vielen Traditionen. In einigen ist sie die Mutter Erde, in anderen wiederum eine Schöpfungsgöttin. Sie verkörpert das weibliche Prinzip, den Schoß der Schöpfung und die Liebe und Weisheit aller Zeiten. Sie geleitet die Menschen zu einer immer tiefer werdenden Verbindung mit ihrem wirklichen Wesen. Die Große Mutter reguliert den Fluss des Lebens, den Kreislauf von Geburt und Tod und das Kommen und Gehen der Jahreszeiten. Sie hat Kontrolle über das Wetter und kann menschliche Emotionen beeinflussen. Selbst in der stressigsten Situation kann sie Freude bringen.

Wende dich an sie, wenn du eine neue Aufgabe in Angriff nimmst oder wichtige Veränderungen herbeiführen willst. Bitte um ihre Unterstützung, wenn deine Beziehung angespannt ist oder du ein Kind empfangen möchtest. Ist dein Kind aufsässig, wird sie dir dabei helfen, eure Kommunikation zu verbessern. Sie wird dir helfen, wenn du dich von einer Sucht befreien willst. Freiheit, Freude, Fülle, Liebe und Lachen zeichnen sie aus.

ARTEMIS/DIANA

VERBUNDENE KULTUREN

griechisch | römisch

ARTEMIS/DIANA HILFT DIR

- den Schmerz sexuellen Missbrauchs zu heilen
- ein Kind zu empfangen und mit Freude und Leichtigkeit zu gebären
- tiefen Kummer zu vermeiden
- einen liebevollen Partner zu erwählen

ANRUFUNG

Stell dir vor, dass Artemis neben dir sitzt, und sprich zu ihr, als würdest du mit deiner besten Freundin sprechen. Erzähl ihr von deinen Hoffnungen, Träumen und Wünschen. Teile deinen Kummer mit ihr. Gestatte ihrer Liebe, an dein innerstes Wesen heranzureichen und deine tiefsten Wunden zu heilen. Sie ist die Große Mutter und daher imstande, Wunder zu wirken. Wenn du sie um Hilfe bittest, kannst du gewiss sein, dass sie dir stets gewährt werden wird.

ÜBER ARTEMIS

Artemis ist die Schwester von Apollon. Obgleich sie Jungfrau ist, gilt sie als die Göttin der Fruchtbarkeit und der leichten Geburt. Auch wenn Artemis keinen Ehemann hat und ihre Unbeflecktheit für sie sehr wichtig ist, wird sie als die ursprüngliche Mutter angesehen, da alle Menschen ihre Kinder sind. Unerbittlich verteidigt sie das Recht der Frauen, ihre Partner selbst zu wählen. Sie gilt auch als die Göttin der Natur und wird oft als eine von einem Hirsch begleitete Jägerin dargestellt. Die römische Entsprechung von Artemis ist Diana. Artemis war immer eine Freundin der Sterblichen. Oft sah man sie in silberfarbenen Sandalen durch ländliche Regionen tanzen, wo sie wilden Tieren und jungen Menschen ihren göttlichen Schutz spendete. Ihre Tempel waren immer bunt und einladend.

MORGANA

VERBUNDENE KULTUR

keltisch

MORGANA HILFT DIR

- einen neuen Liebhaber zu finden
- eine neue Arbeitsstelle zu finden
- einen neuen Wohnort ausfindig zu machen
- ein krankes Kind zu heilen
- deine verborgenen Wünsche zutage zu fördern

ANRUFUNG

Hülle dich in ein hübsches Stück weißes Leinen oder ein goldfarbenes Tuch und entzünde eine lilafarbene Kerze. Dann bringe dein Anliegen klar zum Ausdruck. Es kann sein, dass du eine Regung im Herzen spürst, die Kerze zu flackern beginnt oder die Vorhänge sich bewegen, obwohl die Fenster geschlossen sind.

ÜBER MORGANA

Man kennt Morgana als böse Zauberin, als Fee und als Göttin. In einigen Legenden ist sie die Halbschwester von Köng Artus, der von ihr verführt wurde und einen Sohn mit ihr zeugte. Als Göttin kann sie ihre Gestalt wechseln, besitzt große Weisheit und unermessliche Heilkräfte. Sie kann Zaubervögel erscheinen lassen und nutzt ein Drachenboot als Transportmittel. Sie ist die Göttin des Meeres und der Unterwelt. In einigen Legenden ist sie Nimue, die Herrin vom See. Morgana ist ein unsterbliches Wesen, eine große Künstlerin und eine Heilerin. Sie ist die Gottheit der Schlacht. Morgana wird dir beibringen, wie du in deinem Leben schnell Veränderungen bewirkst. Da sie in die Zukunft sehen kann, wird sie dir den kürzesten Weg zur Verwirklichung deiner Träume zeigen. Als Göttin des Meeres hat sie Herrschaft über alle lebenden Wesen, da diese zu einem Großteil aus Wasser bestehen.

In den meisten Geschichten ist sie hinterlistig und manipulativ und erreicht immer, was sie will. Wenn es dir nicht so sehr darauf ankommt, wie du etwas zuwege bringst, dann ist sie die Richtige für dich.

POLI'AHU

VERBUNDENE KULTUR

hawaiianisch

POLI'AHU HILFT DIR

- selbst die brisantesten Situationen zu entschärfen
- deine Beziehungen zu verwandeln
- inneren Reichtum zu erlangen
- dich mit deiner innersten Weisheit in Verbindung zu setzen.
- Illusionen zu überwinden

ANRUFUNG

Auch wenn Poli'ahu die Göttin des Schnees ist, hat sie doch ein warmes Herz und ein großzügiges Wesen. Rufe mehrmals ihren Namen, entzünde eine silberweiße Kerze und lass ihr Licht dein Leben erhellen. Poli'ahus Hilfe wird sich dir auf vielfältige und wunderbare Weise zeigen. Bleib einfach offen für das Ungewöhnliche und sei dir gewiss, dass ihr Rat dich erreichen wird.

ÜBER POLI'AHU

Eines Tages kam die Schneegöttin Poli'ahu vom Mauna Kea zu den grasbewachsenen Hängen des Hamakua zum Holua-Schlittenfahren hinab. Auch die Vulkangöttin Pele liebte das berauschende Schlittenrennen, bei dem die Kufen der Schlitten einen Abstand von nur 15 cm haben. Pele erschien in Gestalt einer hübschen jungen Frau, und die nichtsahnende Poli'ahu lud sie ein mitzumachen. Als der Boden immer heißer wurde, begriff Poli'ahu, dass die Fremde niemand anders war als Pele, ihre Erzrivalin. Als Poli'ahu auf den Gipfel floh, schickte ihr Pele Lavafontänen nach. Glühende Lava versengte die Enden von Poli'ahus weißem Umhang, doch sie entkam der Gefahr. Poli'ahu setzte Schnee von den gefrorenen Wolken frei, die über ihren Köpfen hingen. Pele schickte Lavaströme den Berghang hinab, die abkühlten und zu Stein erhärteten.

Von Zeit zu Zeit schleudert Pele erneut Feuer und Lava vom Mauna Loa und Kilauea, doch der Legende nach behält Poli'ahu bei diesen Kämpfen jedes Mal die Oberhand. Ihr schmelzender Schnee erschafft Wasserläufe und Flüsse, die die fruchtbaren Täler mit Nährstoffen versorgen und der Küste von Hamakua und Nordkohala eine grüne, neblig-surrealistische Schönheit verleihen.

SEDNA

VERBUNDENE KULTUR

Inuit

SEDNA HILFT DIR

- herauszufinden, was deinen Liebhaber glücklich macht
- nicht zu frieren
- dich mit dem Reichtum in dir zu verbinden
- alles zu finden, sogar das perfekte Outfit
- eine wunderbare Party zu geben

ANRUFUNG

Sedna ist eine warmherzige und fürsorgliche Göttin. Wenn du sie aufrichtig fragst, wird sie dir ganz bestimmt antworten. Solltest du nicht sicher sein, ob du bereit bist, die notwendigen Veränderungen umzusetzen, bitte sie, dir zu helfen, diese Bereitschaft zu erlangen.

ÜBER SEDNA

Sedna ist die Meeresgöttin und Herrin über die Tiere. Der Sage nach war sie eine wunderschöne Jungfrau, die von einem bösen Vogelgeist in die Ehe gelockt wurde. Als ihr Vater sie zu retten versuchte, ließ der Geist einen heftigen Sturm aufkommen. Voller Verzweiflung warf ihr Vater Sedna ins aufgewühlte Meer. Sie stieg in die Tiefen des Ozeans hinab und wurde zur Göttin der Geschöpfe des Meeres. Als solche wurde sie zu einer wichtigen Gottheit für Jäger, die auf ihr Wohlwollen angewiesen waren, um Nahrung zu beschaffen.

Sedna hilft dir, dich mit dem Innern deines Wesens zu verbinden, doch sie wird dir ein paar Fragen stellen. Inwiefern machst du dir selbst etwas vor? Sagst du, dass du wieder in Form kommen willst, isst dann aber ständig zu viel und schiebst es vor dir her, ins Fitnesscenter zu gehen? Ist dein Konto ausgeglichen und kannst du jeden Monat deine Rechnungen bezahlen oder werden deine Schulden immer größer? Siehst du dich im Spiegel an und liebst, was du darin siehst? Welche Geschenke versagst du dir selbst? Bist du bereit, jetzt notwendige Veränderungen vorzunehmen, sodass du in deinem Leben eine Fülle von Geschenken erhältst?

APHRODITE

VERBUNDENE KULTUR

griechisch

APHRODITE HILFT DIR

· deine Leidenschaft zu entfesseln

· besseren Sex zu haben

· zu lernen, von ganzem Herzen zu lieben

· herauszufinden, wie du jeden Augenblick genießt

ANRUFUNG

Mit Aphrodite kann man ganz leicht arbeiten. Wenn es darum geht, mehr Liebe
in die Welt zu bringen, ist sie immer verfügbar. Lege deine Lieblingsmusik auf,
entzünde eine Kerze und rufe ihren Namen. Du kannst auch ein einfaches Gebet
sprechen, wie zum Beispiel: „Aphrodite, Göttin der Liebe, bitte lass mich offen
sein für deine Führung und deinen Rat. Hilf mir, die Welt durch deine Augen zu
sehen, und zu lernen, wie ich mit deiner Güte und Leidenschaft auf sie reagiere."

ÜBER APHRODITE

In der griechischen Mythologie war Aphrodite die Göttin der Liebe, der Schönheit und der sexuellen Ekstase. Aphrodite unterrichtet dich in Sachen Lust
und Liebe und der lebensspendenden Energie von Sex. Außerdem wird sie dir
vermitteln, was Zärtlichkeit und Loyalität bedeuten, und dir beibringen, was
bedingungslose Liebe. Sie wird dir zeigen, dass dich selbst zu lieben eines der
größten Geschenke ist, und dass du niemand anderen wirklich lieben kannst,
solange du dich selbst nicht liebst. Sie erinnert dich daran, welch ein Geschenk
unser Körper ist, und wie herrlich die Sinnenfreude sein kann. Ob du nun eine
Erdbeere isst oder leidenschaftlichen Sex hast, sie wird dich lehren, wie du die
Erfahrung voll auskosten kannst. Sie wird dir zeigen, wie du all deine Sinne ein-
setzt, wie du deinen Körper benutzt, um das Leben in einer Weise zu genießen,
die du nie für möglich gehalten hättest.

LILINOE

VERBUNDENE KULTUR
hawaiianisch

LILINOE HILFT DIR
- auf dem für dich richtigen Weg zu bleiben
- dich mit deinem Lebenszweck zu verbinden
- Hindernissen aus dem Weg zu gehen
- Freude und Leichtigkeit in dein Leben einzuladen

ANRUFUNG
Atme tief ein und erlaube deinem Anliegen, sich herauszubilden. Sage mit liebevoller und gefühlvoller Stimme Lilinoes Namen. Geh frühmorgens nach draußen, wenn die Nebel steigen, oder drehe die Dusche auf und erfülle das Zimmer mit Wasserdampf. Lilinoe wird umgehend reagieren.

ÜBER LILINOE
Lilinoe ist eine der vier jungfräulichen Göttinnen, die mit den schneebedeckten Bergen Mauna Kea und Mauna Loa assoziiert sind. Die als schön und intelligent bekannten Göttinnen waren alle erbitterte Feindinnen der Göttin Pele und stehen für den ewigen Kampf zwischen Feuer und Wasser, Hitze und Kälte. Für die Hawaiianer ist der Mauna Kea ein heiliger Ort. Er ist die Heimstätte von Poli'ahu, der Göttin des Schnees, und ihrer Schwester Lilinoe, der Göttin des Nebels. Lilinoes Nebel können dir die Sicht auf den Weg nehmen oder ihn unkenntlich machen. Lilinoe lädt dich ein, dich mit der Wärme deines Geistes wieder zu verbinden. Sie ist eine liebevolle und liebenswürdige Göttin und behindert dein Vorankommen nur dann, wenn sie weiß, dass der Weg, den du eingeschlagen hast, dir Kummer bringen wird. Sie geleitet dich zielsicher zu deinem Glück und zu deiner höchsten Bestimmung. Lilinoe wird dir den Weg zeigen und dir dabei helfen, eine innige Verbindung zu deiner angeborenen Göttlichkeit und Weisheit herzustellen. Bitte um ihre Hilfe und schau dann zu, wie sich der Nebelschleier der Verwirrung hebt. Lilinoe gemahnt dich daran, dass dir Verwirrung und Mühsal signalisieren, auf dem falschen Weg zu sein. Wenn du dich mit deinem Geist in Einklang gebracht hast, wird sie dich mit Zärtlichkeit und innerer Ruhe belohnen.

KALI

VERBUNDENE KULTUR

hinduistisch

KALI HILFT DIR

- deine Ängste abzubauen
- Orgasmen zu bekommen und unglaublichen Sex zu haben
- mehr Zeit zu haben
- dich mit dem Göttlichen in dir zu verbinden
- deine Grenzen zu überwinden
- unvoreingenommen zu sein
- deine Träume zu verwirklichen

ANRUFUNG

Kalis Anhänger schmückten Standbilder von ihr oft mit Blumen. Willst du sie anrufen, verstreue also großzügig Blumen. Möchtest du dein Vergnügen beim Geschlechtsverkehr steigern, besprenge dein Bett zuvor mit Rosenwasser und bitte Kali um ihre Unterstützung. Da sie die perfekte Mutter ist, genügt eine schlichte Bitte wie „Kali, hilf mir."

ÜBER KALI

Kali ist die hinduistische Muttergöttin. Sie ist das Symbol der Zerstörung und vernichtet Ignoranz, während sie gleichzeitig all jene segnet, die nach göttlichem Wissen streben. Ihre Erscheinung ist oft furchterregend. Als Gefährtin von Schiwa sieht man sie oft beim Tanz oder in sexueller Vereinigung mit ihm. Als höchste Gebieterin des Universums wird Kali häufig mit den fünf Elementen in Verbindung gebracht und ist die Hüterin der Zeit. Außerdem ist sie die Göttin der Erlösung der Seele und kann uns dabei helfen, Ängste abzubauen.

Kali ist üblicherweise nackt. Ihre Nacktheit steht für die völlige Erleuchtung, und sie wird häufig als vom Himmel gekleidet beschrieben. Kali ist ein leuchtendes Feuer der Wahrheit, das sich von Ignoranz nicht aufhalten lässt. Sie zeigt uns, wie wir jenseits von Illusionen und irreführenden Überzeugungen leben können. Kali gilt als die gütigste und liebevollste aller hinduistischen Göttinnen. Sie lehrt uns, dass das reine Bewusstsein von dynamischer und kreativer Natur ist. Kali wird dir beibringen, wie du alles überwinden kannst und dabei nichts ausgrenzt. Sie ist der Inbegriff der reinen, bedingungslosen Liebe.

INANNA

VERBUNDENE KULTUR

sumerisch

INANNA HILFT DIR

- kreative Lösungen für schwierige Probleme zu finden
- einen Seelenverwandten zu finden
- inneren Reichtum zu erlangen
- problematische Beziehungen zu kitten

ANRUFUNG

Wenn du Inanna anrufst, kann es sein, dass du einen sanften Lufthauch oder eine Liebkosung an deiner Wange spürst. Schreibe ihr einen Brief, in dem du sie um Hilfe bittest. Verdeutliche ihr, wo das Problem liegt, und bitte sie, dir dabei zu helfen, es zu beheben. Ersuche sie darum, dir mit ihrer Weisheit und Liebe bei der Lösungsfindung zu helfen, statt ihr vorzugeben, wie diese deiner Ansicht nach aussehen sollte. Sie kann die Dinge besser überblicken als du. Zeichne noch ein paar achtzackige Sterne auf deinen Brief, und du kannst dir dessen gewiss sein, dass ihre Hilfe unterwegs ist. Den Brief kannst dann verbrennen oder vergraben.

ÜBER INANNA

Inanna ist die Göttin der Liebe, der Fruchtbarkeit und des Krieges. Ihr Name bedeutet „Königin des Himmels". Ihr Symbol ist ein achtzackiger Stern. Als sie in die Unterwelt reiste, um ihrer Schwester Ereschkigal gegenüberzutreten, wurde sie von dieser getötet. Die Pflanzen starben und nichts wuchs mehr auf der Erde. Gott Enki griff ein, und Inanna wurde erlaubt, wieder zu leben, sofern jemand ihren Platz einnahm. Sie schickte ihren untreuen Ehemann als Ersatz. Du kannst Inannas Reise als die innere Reise ansehen, die du unternehmen musst, um dein Leben zu verändern. Es ist eine meditative Reise in die Stille deiner Seele, von der du mit großen spirituellen Erkenntnissen und einer erneuerten Lebenslust zurückkehrst. Inanna wird dir helfen, diesen stillen Ort in deinem Innern zu finden, damit du dich mit deiner angeborenen inneren Weisheit verbinden und den Ort betreten kannst, an dem du nur Freude kennst. Inanna wird dir helfen, dein Glück zu finden und ihm zu folgen.

DIE WALKÜREN

VERBUNDENE KULTUR

altnordisch

DIE WALKÜREN HELFEN DIR

- alle Herausforderungen des Lebens zu meistern
- vollkommen zu lieben
- den perfekten Partner zu finden
- den Mut zu finden, eine neue berufliche Laufbahn einzuschlagen
- dich mit deiner göttlichen Natur zu verbinden

ANRUFUNG

Entzünde eine hohe weiße Kerze und bitte die Walküren, dich zu leiten. Sie sind der Inbegriff von Tapferkeit, Loyalität und Stärke. Öffne ihnen dein Herz und spüre, wie ihre Kraft und ihr Mut dein gesamtes Wesen erfüllen.

ÜBER DIE WALKÜREN

Die Walküren, deren Name „jene, die die auf dem Schlachtfeld Gefallenen auserwählen" bedeutet, waren hübsche junge Frauen, die geflügelte Pferde ritten, Helme trugen und mit Speeren bewaffnet waren. Sie eskortierten gefallene Krieger nach Walhalla, Odins großer Halle, und waren außerdem Odins Boten. Walküren galten auch als Todesengel und fungierten darüber hinaus als Mundschenke, die den Seelen tapferer Krieger Met reichten, wenn sie ins Reich der Toten übergingen. Walküren waren außerdem Schutzgeister für Heranwachsende. Sie gaben ihnen Initiationsnamen und schenkten ihnen ausgezeichnete Waffen. Walküren wurden auch als übernatürliche Bräute angesehen, die die Liebes- und Kriegskunst vermitteln.

Der Sage nach gibt es zwei Arten von Walküren, die göttlichen und die halbmenschlichen. Sie sind nur für Menschen sichtbar, die das zweite Gesicht haben. Gewöhnlichen Menschen erscheinen die Walküren als Nordlichter. Walküren können dir zeigen, wie du selbst den schwierigsten Herausforderungen des Lebens mit seelischer Kraft, Lachen und Freude begegnest. Sie zeigen dir auch, wie du tief und leidenschaftlich liebst, wie du tapfer sein kannst und was du mit ein wenig Disziplin und Hingabe zuwege bringen kannst. Sie können dein Leben mit ihrer Magie erhellen und dir einen mühelosen Weg zum Erfolg weisen.

SECHMET

VERBUNDENE KULTUR

ägyptisch

SECHMET HILFT DIR

- selbstzerstörerische Verhaltensweisen abzulegen
- dich von allen Beziehungen zu befreien, die dir nicht länger nützen
- einen neuen Job zu finden
- ein liebevolles Umfeld zu schaffen

ANRUFUNG

Wende dich nach Westen und bitte Sechmet um ihre Unterstützung. Entzünde eine rote Kerze und erlaube dir, ihrer Weisheit zu lauschen.

ÜBER SECHMET

Sechmets Name bedeutet „die, die mächtig ist." Häufig wird sie als die Personifizierung des aggressiven und zerstörerischen Aspekts des Weiblichen angesehen, wird missverstanden und auf negative Weise dargestellt. Obgleich sie zerstörerisch sein kann, sind ihre Handlungen doch niemals willkürlich. Sie zügelt ihre Macht stets mit dem Mitgefühl und der Weisheit einer liebenden Mutter. Sechmet ist die Schutzherrin der Ärzte, Priester und Heiler. Manchmal wird sie als eine Frau mit dem Kopf einer Löwin dargestellt. Man nennt sie auch „die Gebieterin", „die Herrin des Grabes", „die Gnädige" und „die, die den Aufstand niederschlägt." Der Sonnengott Re bat sie, die Menschen zu bestrafen, die gegen ihn rebelliert hatten. Sobald der Aufstand niedergeschlagen war, half Sechmet den Menschen, die Verwundeten zu heilen. Sie ist im Besitz großer Teile der uralten Weisheit und als die „Mächtige der Zauberkunst" bekannt. Auf vielen Darstellungen ist ihr Körper in rote Gewänder gehüllt; sie schaut immer gen Westen.

Sechmet wurde in ganz Ägypten verehrt, vor allem jedoch in Regionen, in denen es Löwen gab. Ihr Kult kam womöglich aus der Region des heutigen Sudan nach Ägypten, da es dort zahlreiche Löwen gab. Das Zentrum ihrer Verehrung war Memphis. Sechmet wird dich auffordern, die Bereiche deines Lebens genauer zu beleuchten, in denen du dich selbst sabotierst. Sträubst du dich gerade gegen solche Maßnahmen, mit denen du genau das erschaffen könntest, was du möchtest? Womit stehst du deinem eigenen Glück im Wege? Wodurch hältst du dich selbst davon ab, stark zu sein und deinen eigenen Grundsätzen treu zu bleiben?

PELE

VERBUNDENE KULTUR

hawaiianisch

PELE HILFT DIR

- die Leidenschaft in deinem Leben zu steigern
- dein Leben mit mehr Klarheit zu sehen und besser zu verstehen
- dein Denken zu verändern
- mit einem untreuen Liebhaber umzugehen
- zum Kern der Sache zu kommen

ANRUFUNG

Pele ist die Göttin des Feuers. Entzünde eine große Kerze oder mache ein Lagerfeuer. Schreibe dieser feurigen Göttin einen Brief und erzähle ihr, wovon du dich befreien willst, was du umgestalten möchtest und was du dafür zu tun bereit bist. Wähle deine Worte mit Bedacht – sie weiß, wie mächtig Worte sind. Wenn du das Gefühl hast, dass der Brief gut ist, verbrenne ihn und zerstreue die Asche im Wind. Lausche Peles Rat und lass sie dir helfen, dein Leben umzugestalten.

ÜBER PELE

Peles Heimat ist die hawaiianische Hauptinsel Big Island. Pele wurde auf Tahiti geboren, doch wegen ihres hitzigen Temperaments wurde sie von ihrem Vater von dessen Inseln verbannt. Sie reiste gen Norden, um sich ein neues Zuhause zu suchen. Als sie nach Big Island kam, erschuf sie den Vulkan Kilauea und machte ihn zu ihrem Zuhause. Die Inselgruppe wird als der Nabel der Welt angesehen, der Ort, von dem die Schöpfung ihren Ausgang nahm. Pele ist eine mächtige und eifersüchtige Göttin. Zu ihren esoterischen Eigenschaften gehören physische Lebenskraft, psychische Bewusstheit, die Macht der Verwandlung sowie die Magie und das Wunder des Erschaffens. Sie ist eine sehr mächtige Göttin, und am besten nähert man sich ihr mit Demut, Ehrfurcht und tiefer Bewunderung.

MINERVA

VERBUNDENE KULTUR

römisch

MINERVA HILFT DIR

- einschränkende Überzeugungen loszulassen
- dich selbst wohlwollend zu betrachten
- dein Schatten-Selbst als Zugang zur persönlichen Freiheit zu nutzen
- originell und kreativ zu sein

ANRUFUNG

Frage dich zunächst, was du erschaffen möchtest, und bitte Minerva dann um ihre Hilfe. Ordne drei rote Rosen auf einem hübschen Stoff so an, dass sie ein Dreieck bilden, schreibe dein Anliegen auf ein Stück Papier und lege es in die Mitte des Dreiecks. Wenn die Rosen verwelkt sind, kannst du den Zettel fortwerfen. Minerva wird dir womöglich eine Menge Fragen stellen, und indem du über sie nachdenkst, wirst du selbst zu Antworten gelangen.

ÜBER MINERVA

Minerva ist die römische Göttin der Intelligenz, der Kreativität, der Weisheit, der Medizin, der Kunst, der häuslichen Fertigkeiten, der Wissenschaften, des Gewerbes und des Krieges. Minerva fordert dich auf, deine Überzeugungen zu prüfen und diejenigen zu überwinden, die dir nicht länger dienlich sind. Sie wird dir dabei helfen festzustellen, welche Überzeugungen und Vorstellungen dein Heiligsein nicht unterstützen. Frage dich, welchen ungesunden oder überholten Überzeugungen du anhaftest, und welche kontraproduktiven Verhaltensweisen du regelmäßig an den Tag legst. Stelle fest, ob es dir noch immer wichtig ist, was Andere über dich denken. Minerva ist die Göttin des Verstands – sie wird dich also auffordern zu untersuchen, wie du deinen Verstand gebrauchst, und ob deine Denkweise dazu beiträgt, deine Lebensqualität zu verbessern. Wenn du dir selbst Geschichten aus deinem Leben erzählst, frage dich, ob sie dich anspornen oder ob sie dir hinderlich sind. Wenn du bereit bist, dein ganzes Selbst mit liebevollen Augen zu betrachten, wirst du Entscheidungen treffen, mit denen Glück und Freude in dein Leben kommt.

GLOSSAR

Anrufung: Eine Möglichkeit, sich an ein Geistwesen zu wenden und es um Hilfe zu bitten. Häufig ist es eine Art von Gebet.

Aufgestiegene Meister: Wesen, die Erleuchtung erlangt haben und der Menschheit dienen. Aufgestiegene Meister haben erkannt, dass ihnen der göttliche Funke innewohnt. Sie haben sich von all ihren einschränkenden Überzeugungen befreit und können das Leben in seiner Gesamtheit durch die Augen der Liebe sehen. Sie haben nach Belieben Zugang zur irdischen Ebene und sind gewillt, jeden zu unterstützen, der sie darum bittet.

Aufstieg: Der Aufstieg ist ein Prozess, bei dem alle einschränkenden Überzeugungen losgelassen werden und man eins wird mit Gott selbst. Sobald dies vollbracht ist, kann ein Mensch in den Himmel oder ins Nirwana gelangen, ohne den Todesprozess zu durchlaufen. Es ist sowohl ein physischer Vorgang, wie bei der Himmelfahrt Jesu, als auch ein emotionaler und spiritueller Prozess.

Bodhisattva: Ein Mensch, der zur völligen Erleuchtung gelangt ist und die notwendige Sichtweise erreicht hat, um ein Buddha zu werden. Im Buddhismus gibt es viele Buddhas, auch wenn viele Nicht-Buddhisten lediglich Siddhartha Gautama kennen.

Cherubim: In der Hierarchie des Himmels kommen die Cherubim an zweiter Stelle nach Gott und tragen bisweilen seinen Thron. Sie sind keine Engel im eigentlichen Sinne, auch wenn sie Flügel und ganz ähnliche Eigenschaften besitzen wie diese.

Elfen/Feen: Übernatürliche Wesen oder Geistwesen. Sie haben ein menschliches Erscheinungsbild, besitzen Flügel und besondere magische Kräfte. Sie werden auch als Volk der Winzlinge bezeichnet.

Engel: Engel sind von Gott erschaffen worden, um sich aller Lebewesen anzunehmen und sich um sie zu kümmern. Sie vermitteln zwischen Gott und den Sterblichen. In der Hierarchie der Engel stehen Schutzengel der materiellen Ebene am Nächsten.

Erzengel: Ein Erzengel leitet andere Engel an und hat die Aufsicht über sie. Jeder Erzengel hat einen bestimmten Zweck zu erfüllen, etwa den Menschen das Gefühl zu vermitteln, sicher, geliebt und umsorgt zu sein.

Fürstentümer: Der siebthöchste Rang in der Hierarchie der Engel. Sie wachen über das Handeln von Staaten und Städten. Jeder Staat und jede Stadt hat seinen beziehungsweise ihren eigenen Engel, der außerdem alle Religionen schützt und verwaltet.

Geist: Die Energie, die einem Körper, einer Pflanze oder jeglichem anderen Lebewesen Leben verleiht.

Geistführer: Geistwesen, die gewillt sind, Menschen zu helfen und sie zu leiten. Sie ähneln den Schutzengeln und sind gern bereit, dir zu helfen.

Gewalten: In der Hierarchie des Himmels befinden sie sich auf dem sechsten Rang und sind damit betraut sicherzustellen, dass alles seine Ordnung hat und Gottes Gebote genau befolgt werden.

Gott: Die kreative Energie, die das Universum erschaffen hat.

Gottheit: Ein Gott oder eine Göttin.

Göttin: Der weibliche Aspekt von Gott.

Göttlichkeit/das Göttliche: Erscheinungsform der schöpferischen Kraft Gottes.

Herrschaft: Die vierte Ordnung der Engel. Sie verkünden Gottes Gebote. Außerdem kanalisieren sie die göttliche Gnade und beaufsichtigen die Tätigkeiten der anderen Engel.

Himmel: Ein Ort, an den die Seelen nach dem Tode gehen. Die Vorstellungen vom Himmel unterscheiden sich im Christentum, Judentum und Islam. Der Himmel hat viele Ebenen und häufig eine Hierarchie von Engeln und Fürsten.

Höheres Selbst: Der Teil von dir, der stets mit deinem Geist verbunden ist. Es ist die Essenz dessen, wer und was du wirklich bist.

Kabbalah: Im Judentum die Gesamtheit mystischer Glaubenssätze und Lehren, die Gott und das Wesen des Universums betreffen. Es heißt, in ferner Vergangenheit sei dieses Wissen heiligen Männern offenbart worden. Es wurde nur einigen Auserwählten zuteil und von ihnen über Jahrhunderte hinweg bewahrt.

Naturgeist, Elementargeist: Ein elementares Geistwesen, das Zauberkräfte hat. Es gibt Wasser- und Luftgeister. Die Begriffe Elementar- und Naturgeist werden auch in Bezug auf Feen, Elfen und Zwerge verwendet.

Seraphim: Die Engel, die Gott am nächsten sind. Ihr Name leitet sich angeblich vom hebräischen Wort *saraf* ab, das „brennen" bedeutet und auf ihre Fähigkeit verweist, mit Feuer zu zerstören.

Throne: Der höchste Rang in der Hierarchie der Engel. Der Ausdruck verweist auf die Erhabenheit von Gottes Thron.

DANKSAGUNG

Dieses Buch zu schreiben, war ein unglaubliches Geschenk. Ich möchte meinen wunderbaren Agentinnen, Sheree und Janet, und meiner Herausgeberin Jill dafür danken, es ermöglicht zu haben. Ich hatte keine Ahnung, welch ein Abenteuer dieses Buch für mich sein würde. Jetzt habe ich eine tiefe und liebevolle Beziehung zu einer Menge von Engeln, Heiligen, aufgestiegenen Meistern, Göttinnen und Göttern. Ich möchte ihnen für ihre Verfügbarkeit und ihre Hilfsbereitschaft danken. Mein besonderer Dank gilt meiner Familie und meinen Freunden für ihre Unterstützung. Ohne sie wäre dieses Buch nicht zustande gekommen. Ich danke Bea für ihre Liebe, Geduld und die unzähligen Überarbeitungen. Ich danke der Welt dafür, dass es Engel, Magie und Wunder in ihr gibt.

Und ich danke der Welt für die Regenbogen.

ANMERKUNG DER AUTORIN

Es war mir eine besondere Ehre und ein Privileg, dieses Buch schreiben zu dürfen. Ich hoffe, dass dir die Lektüre so viel Spaß machen wird, wie mir das Schreiben gemacht hat, und dass dir all die Liebe und Weisheit auf diesen Seiten wirklich zugute kommen werden.

Ich freue mich stets über Feedback von meinen Lesern. Um mich zu kontaktieren oder Fragen zu klären, gehe einfach auf meine Webseite susangregg.com.

Alles Liebe und Aloha

Susan

ÜBER DIE ILLUSTRATORIN

Audra Auclair ist eine kanadische Künstlerin, die an der Westküste des Landes lebt. Sie arbeitet mit unterschiedlichen Medien und ihre Werke werden sowohl in Kanada als auch international ausgestellt. Ihr ursprünglicher beruflicher Hintergrund ist das Grafikdesign, doch mit ihrer überirdischen Fusion aus Kunst und Illustration hat sie sich darauf spezialisiert, das Surreale und die menschliche Gestalt zu erkunden. In ihrer stilistischen Mischung aus Pop-Art und Fantasy gelingt es ihrer Kunst, uns aktuelle Themen nahezubringen. Audra betreibt außerdem einen Online-Shop, in dem sie Anstecker, T-Shirts, Drucke und verschiedene andere Produkte mit ihren Illustrationen verkauft. In ihrer Freizeit überträgt sie den Entstehungsprozess ihrer Werke als Live-Streaming auf Twitch und produziert YouTube-Videos, überwiegend zu ihrer Kunst und Geisteshaltung. Gemeinsam mit ihrem Partner Lopi entwickelt Audra eine Science-Fantasy-Comicreihe. Das erste Buch, *Chiara*, wird 2019 erscheinen; dem soll das erste Comicbuch der Reihe *Nen* rasch folgen.

Mehr Informationen über Audras Arbeit und Links zu Social Media unter: www.audraauclair.com

REGISTER